球史に刻まれた伝説の死闘、
"延長17回" の横浜対PL戦で、
エースとしてマウンドに立つ
上重聡投手。

名門八尾フレンドに入団した小学２、３年生の頃。向かって一番右。この当時から頭ひとつ大きい。

小学６年生のときは、キャプテンとして全15大会で12回優勝し、そのうち３つは全国大会。足も学年で一番速かった。

向かって左からPLの四番古畑和彦選手、杉内俊哉投手。一番右でおどけているのは久保康友投手。

黄金の松坂世代。3年夏の甲子園のあと、AAA日本代表に選ばれた新垣渚、村田修一、東出輝裕、實松一成選手たちと。

“延長17回”の死闘を演じた松坂大輔投手とは、代表合宿の１ヵ月間同部屋となり、その怪物たる所以を目の当たりにする。

立教大学２年秋に、六大学史上二人目の完全試合を達成。早稲田の和田毅投手とともに特別表彰を受けた。

はじめに

私は、小学校2年生から大学4年生までの約14年間、野球をやらせていただいた。

PL学園時代にエースとして春夏甲子園に出場し、怪物・松坂大輔と延長17回に及ぶ死闘を演じたことや、立教大学時代に完全試合を達成したことをご存じの方は、私がずっとエリートとして順風満帆な野球人生を歩んできたと思われている方が多いように思う。

だが、実はそうではない。

小中時代はずっと二番手の投手で、埋めようのないエースとの実力差に荒れた時期もあった。PLに入ったとき、同学年の投手の中では6番目の評価で、寮生活の厳しさや苦しさや悔しさに、何度も人知れず涙を流した。

1年夏には名門PLの投手として、甲子園のベンチ入りを果たすという栄誉に浴しながら、2年夏は屈辱のメンバー外。私はスタンドで応援する立場だった。

そして、松坂大輔という怪物に出会ったときに感じた、圧倒的な敗北感。

大学では、常に松坂と比較され、あまりにも重い〝延長17回〟の十字架に耐え切れず、心は病んでいった。イップスになって投手クビの宣告をされ、初めて両親の前で「野球を辞めたい」と号泣した。その後は野次にさらされながら、外野を守っていた。

復活して2年秋には完全試合を成したが、その後イップスを再発して、右肘じん帯を損傷。4年生ではキャプテンに任命されながら、1年間ほとんど試合に出ることはなかった。

私の野球人生は、壁と挫折の連続だった。

持ち前の負けず嫌いと努力で、壁を乗り越えたと思ったら、また新たな壁が現れる。その壁を乗り越えたら、さらに大きな壁が……。

〝延長17回〟と〝完全試合〟で私は脚光を浴びることになったが、それ以外はもがき苦しみ続けた14年間だった。

だからといって、この本を読むことで、私が経験してきた苦労を読者のみなさんに知ってほしいというのではない。

実は、苦しんでいるときこそ、そこにヒントが隠されている。壁や苦労や挫折の中で、私は学ぶことが大きかったんだということを伝えたいのだ。

いくつもの壁にぶつかっては乗り越えてきたが、それは決して自分だけの力ではない。壁として私の前に立ちはだかってくれたライバル。両親や家族の支え。チームメイトの温もり。私を正しく導いてくださった先輩や指導者の方々。そして、どん底から救っていただいた恩師の存在。多くのありがたい出会いによって、いまの私があるのだ。

人は、決して一人では生きていけない。

挫折のたびに何かを学び、何かを得て、何かを成し遂げる。

私は、この本の話を竹書房さんからいただいたときに、そんな私の野球人生をただなぞって、振り返るだけの一冊にはしたくないと思った。

野球を通じてふれあった、松坂世代のみんなとのエピソードなども書かせていただいたが、自分の経験をもとに感じたことや、野球に対する考え、指導方法、教育や子育て、壁に直面している将来ある選手たちや保護者の方々へのメッセージなど、私なりの思いを込めたつもりだ。

内容は野球だけの話ではない。

だから、できれば主婦のみなさんにも読んでいただきたいし、例えばサッカーをやっている少年たちにも読んでもらえればと思う。甲子園を国立に、プロ野球をJリーグに、メジャーを海外サッカーに置き換えてもらってもいい。

あるいはスポーツではなく、音楽や勉強を頑張っている少年少女など、苦しみながらも何かに必死になって打ち込んでいるみなさんに、この本を手に取っていただけると、著者としてこれ以上の喜びはない。

怪物と闘ったＰＬのエース

目次

第1章　野球に明け暮れた少年時代

第２章 ＰＬ学園での苦しい日々

第3章 3年春に念願の背番号1

第4章

怪物・松坂大輔との遭遇

第5章 球史に残る延長17回の死闘

第6章 松坂世代とのふれあい

第7章 初めて親の前で号泣した夜

第8章 野球を辞めた本当の理由

第9章 野球への思い

特別対談

松坂大輔×上重聡

第1章

野球に明け暮れた少年時代

野球との出会い

大阪府の八尾で生まれ、そこで育った。家族は、父、母、姉の4人。父親はもともと柔道をやっていたため、できれば私に柔道をやってほしかったようだ。母親はどちらかというと教育熱心なほうだったので、私は小1のときからECCで英会話を習い、3年生からは学習塾に行くような小学校生活を送っていた。

野球との出会いは、小学校2年のときだった。

学校の運動会で坊主頭の足の速い集団がいた。小学校の頃は運動神経のいい人や足の速い人がやたらとかっこ良く見えるものだ。

どの学年にも坊主頭の速い人たちが何人もいて、1位から3位までを独占している。子ども心に「この人たちは何なんだろう?」と思い、よくよく聞いてみると、その地域にある八尾フレンドというボーイズリーグ(少年硬式野球の団体のひとつで、正式名称は日本少年野球連盟)に所属している人たちだとわかった。

このときに、野球というスポーツを本格的にできる環境があることを知り、親に野球をしたいと懇願した。でも、だからといってすぐに八尾フレンドに入れたわけではなかった。最初の3ヵ月間は、両親ともになかなか承諾してくれなかった。私は毎日のように、

「八尾フレンド！」

「ボーイズリーグ！」

「野球したい！」

と繰り返し言っていた。すると、さすがに親もたまりかねて、「じゃあ一回練習を見に行こうか」となった。これが、初めて私が野球にふれあったきっかけだ。

柔道をやらせたかったという父の思いと、勉強が疎《おろそ》かになるのではという母の思いが交錯していたのだろうが、いま考えると私にどれほどの熱意と覚悟があるのかを確かめていたのだと思う。

幼少の頃から、両親の教えで唯一絶対だったのが、

「自分が言い出したことは最後までやり通せ」

だった。「野球をやりたい」と言った以上、絶対に最後までしっかりできるのかを見極めていた3ヵ月だったのだろう。

私は、どうしても八尾フレンドに入りたかった。

ピンとくる部分があったのかどうかはわからないが、身近な先輩たちのかっこ良さに憧れていたのは確かだ。それに、幼い頃から同級生と遊ぶよりも上の人たちと遊ぶほうが多かったし、小学1年生からブリーフじゃなくてトランクスを自ら履くような子どもだった。

私は同級生と一緒ではなく、上の人たちと同じでいたいという気持ちが強く、大人びたと

ころがあった。

名門八尾フレンドに入団

私はとにかく負けず嫌いだった。

近所で私が転んで泣きそうになり、近所の人が「あ、聡くんが泣いたー」と言われると、その人のところに行って「泣いてない！　泣いてない！」と猛烈にアピールしていた。それで「泣いてないね」と言い直すまで「泣いてない！」と言い続ける。幼少の頃から〝泣いた〟とか〝負けた〟とか言われるのが大嫌いだった。

小学校2年で、八尾フレンドの見学に行ったときは、練習の内容が4年生以下の部、5年生の部、6年生の部とチームは3つに分かれていて、練習場所もそれぞれ違っていた。念願が叶って、私は小学校2年生の夏から、八尾フレンドに入ることになった。

はじめは4年生以下の部に入った。自分の地域の小学校だけではなく、八尾市にある20くらいの小学校から運動神経のいい子どもたちが集まっているようなチームだったので、かなり強かった。

通っている小学校の中では自分が一番うまいという自信があるのに、八尾フレンドには同じようなレベルの選手がいっぱいいる。

その中に、後にＰＬ学園に一緒に進む稲田学もいた。特に稲田はうまくて運動神経も良く、1年生からチームに入っていた。生まれて初めて自分と同等の子どもたちがたくさんいることを知り、逆に私の負けず嫌いの心に火が点《つ》いた。

当時、4年生以下の練習は土日だけ。平日は練習がないため、家に帰ったら走ったり、素振りやシャドウピッチングを毎日したりしていた。野球を始めた小学校2年からずっと素振りとシャドウは続けていたので、畳は擦り減って何度も張り換えてもらうことになった。

あとは、一人きりで壁当てをよくしていた。壁当てしながら、

「さぁピッチャー上重、第一球を投げました」

などと実況しながら、跳ね返ってくるボールを一塁に送球したり、自分が投げる試合をイメージしたりを来る日も来る日も繰り返し、楽しかった思い出がある。

いま考えると、後のアナウンサーへの道につながる何かが、この頃から私の中にあったのかもしれない。

最初の水が肝心要

美味しいご飯を炊くためには、最初の水が大切なのと同様に、野球でも何でも吸収力が一番あるときに、一番美味しい水を与えることが重要だと思う。やっぱり一番最初の水が良く

ないと、ご飯は美味しくはならない。

要するに、小学校での基本が非常に大事になってくるということだ。

私の場合で言うと、5年生のときに指導していただいたのが、元大阪タイガースで、後に近鉄バファローズのコーチや二軍監督を歴任した本堂保次さん。本堂さんは相手のプレーの特徴やクセを見抜くことに長《た》けていて、プロ野球で初めて相手のサインやクセを盗んだことでも有名な方だった。

6年生のときは、出陣学徒壮行早慶戦、いわゆる最後の早慶戦の早稲田のキャプテンだった元南海ホークスの笠原和夫さんに、監督として指導していただいた。

八尾フレンドといえば、全国大会で何度も優勝している名門チームで、OBには桑田真澄さん（元読売ジャイアンツ他）をはじめ、何人ものプロ野球選手を輩出している。私が小学校5年生のときは、5大会に出場してすべて優勝。6年生のときには15大会のうち12回の優勝を飾ったが、その中には全国大会の優勝も3つ含まれている。

私たちは、ほぼ無敵に近かった。

あちこちから運動神経のいい選手が集まったのもあるが、しっかりした指導者のもと、きちんと勝てる環境が八尾フレンドにはあったのだ。

環境によって人はどうにでもなる。最初の段階こそが肝心要であり、そういった点で私はすごく恵まれていた。先日、桑田さんが、

「とにかく高校の指導者よりも、小学校の指導者にいろいろ徹底して教えたいんだ」と熱く語られていた。原点を間違えると、あとから直すのは本当に難しい。最初が正しければ、みんなもっと伸びていくし怪我も少なくなる。

アメリカのとある教育書には、幼稚園からの勉強をすごく大事にしているからこそ、幼稚園にいい先生を送り込もうという教育を目指していると書かれていた。私の考えと一致するなと思ったことがある。

八尾フレンドは、練習が厳しいというより指導者が的確な教えをすることに定評があり、「とりあえず何本でも打てー」といったものは一切ない。決められた本数を打ち、一回一回正しいバッティングの解説をしてもらう感じだった。

一打席を無駄にせず、一球一球に集中するので、野球が辛いとか嫌いになることもなく、練習に行けば必ずうまくなれる環境だということを、子どもながらに感じていた。

元プロの方に教えていただいていたこともあり、「こんな練習、よそではしてくれないよな」とよく思ったもので、八尾フレンドで野球をやっていれば間違いないという意識を持っていた。

犠牲を払っている家族のために

野球は一人ではできない。試合もそうだし、家庭においてもそうだ。

特に小学校で野球をやるには、昨今は親の協力がないとなかなか難しいものがある。

専用のマイクロバスなどはなかったので、日曜日になるとそれぞれの保護者が車を出して送迎してくれたり、お茶当番などもあったりで、私のために両親がいろいろと協力してくれていた姿が印象に残っている。

野球をやるということは、ある意味家族を犠牲にすることでもある。

野球を始めてからは、家族で一緒にどこかへ旅行に行った記憶がない。ふたつ上の姉は特に何もお稽古事とかをしていなかったこともあり、おそらく比率でいうと9割方、私の野球のほうに両親がかかりっきりになっていたと思う。

家族を巻き込んでいる。親が私のためにここまでやってくれているのだから、自分は弱音を吐かずに頑張らなきゃという気持ちに自然となった。

多くのことを犠牲にしている親や姉に、お返ししなきゃいけない。

家族が喜んでくれるためには、自分が頑張ってチームも勝って優勝すればいいんだという思いが私の頭の中にはあり、それがエネルギーになっていく。

いまもそうだが、親から「この前の放送良かったよ」と褒めてもらえると、やっぱり嬉しいものだ。いくつになっても、子どもは親に認められたい願望があるのかもしれない。だから、特に子どもが小さいときは、ちょっとしたことでも親が褒めてあげることが必要だし大切だと思う。

普段、親が来てくれないチームメイトも、親が見に来ていると、

「今日、俺の親が来てるんだー」

といった嬉しそうな表情を見せていた。

子どもは絶対に親の存在を気にしているし、親の姿を見ている。親にいいところを見せたい思いは、小学生だろうと大人だろうと変わりはないのだ。

親父の背中

私の父は九州男児で、どちらかというと寡黙で、「ちょっと来い」と言って黙ってマッサージをしてくれたり、無言でキャッチボールをしてくれたり、いま考えると寡黙な中にも無言のコミュニケーションがあったように思う。

父については、すごく印象に残っていることがある。

平日の朝は慌ただしい。台所では母が朝食の支度をし、私や姉はギリギリまで布団に入っ

ていて、起きてから急いで学校の身支度をする。

姉や私がダダダッと二階から降りて脇目もふらずに朝食を食べ、学校に遅れないよう慌てて出掛けようとすると、玄関には父の背中がいつも見えていた。

少し背中を丸めながら、何かをしている。

時間にして10分弱だろうか、一生懸命丹念にうつむきながら何かをやっている。

「シュッシユシュ、シュシユッシュ」

父は姉の学生靴を丁寧に磨いていた。それが日課で、毎朝いつも磨いていた。

玄関の父の後ろ姿が、いまでも私の脳裏《のうり》に焼き付いている。

勝手な想像だが、父の中には姉に対する負い目があったんだと思う。休みの日になれば、私は野球に出掛け、父や母はチームの手伝いに駆り出されてしまう。

姉は野球の試合に付いて来ることもあり、八尾フレンドが勝てば喜んでくれていたが、一人で家に残って何かやっていることもあった。

だから父は自分に課していたんだと思う。自分は娘に対して何ができるのか。それが、毎朝の靴磨きだった。

姉は、中学から私立に行ったのだが、父は中高の6年間、たとえ前日どんなに遅く帰宅しようとも、毎朝一日も欠かさず姉の靴を磨いていた。

不器用な父は、自分にできることはそれくらいしかないと思って、徹底してやろうと決めたんだと思う。

すごい。

本当にすごいと思う。

いまの子どもたちは、昔と違って塾の掛け持ちやスポーツクラブに通うなど、大人以上に過密スケジュールであり、学校であった話を家ですること自体が難しい時代になってきている。手紙やノートを交換している家庭もあるみたいだが、何か無言でできるコミュニケーションというのも、ひとつの方法としてありなのではないだろうか。

私は〝親父の背中〟から勉強させてもらった。私にとっては、父との無言のコミュニケーションが、いうなれば父からの無言の教えにもなっている。

怪物の出現

かつて、私がPL学園でエースだったということをご存じの方は、私がずっとエースとして、野球のエリートコースを歩んできたと思われているようだが、実際はそうではない。

小学校のときは、4年生の終わり頃に福井強（元西武ライオンズ）という怪物が八尾フレンドに入ってきたため、その後2年間エースの座を勝ち取ることができなかった。

私はずっと二番手のピッチャー兼ショートだった。

小学校4年生当時の私の身長は真ん中より後ろだったが、福井は私よりも頭ひとつ大きかった。そのサウスポーから繰り出すボールを見た瞬間、「うわ〜、スゲエ！」と叫んでしまうほど、いままでに見たこともないような速さだった。

たしか5年生で測ったときのスピードが、福井は110キロ以上出ていて、私は100キロ前後だったと思う。小学生のマウンドの位置は、大人の3メートルほど手前なので、福井の110キロは体感で130キロくらいに感じる。

ボーイズリーグの全国大会に行って、1学年上の6年生を見渡しても、福井以上のピッチャーを見たことがない。間違いなく全国でもナンバーワンの投手だった。

とんでもないやつが入ってきたなと思って、また私の負けず嫌いに火が点いた。どんなにあがいても福井にスピードでは敵《かな》わなかったので、身体の大きなピッチャーに勝つためにはどうすればいいかと私は頭を使った。

例えば、プレートの立ち位置を左右目一杯に使うことで、ストレートの角度が4種類になるなとか、福井は剛だけど私は柔で頭を使って勝負しようとか、コントロールやメンタルの部分だったら私は負けないなとか、いろいろ考えながらマウンドに立っていた。

チーム内で紅白戦をやるときは、福井と私が別のチームに分かれて投げ合うので、「福井のボールは絶対に打ってやろう」「紅白戦であろうと絶対に負けたくない」という気持ちでゲームに臨んでいた。

福井はある意味、そのすごさを認めざるを得ない存在でもあった。チームは勝って優勝しても、チーム内に私が勝てていない人間がいるということが、私の中にコンプレックスと負けず嫌いの炎を燃やし続けてくれた。

もし私がエースで四番でキャプテンだと、「八尾フレンドは俺のチームだ！」となって、勘違いしていたかもしれない。でも福井がいてくれたおかげで、そうはならなかったのが良かったと思う。だから小学校時代はすごく充実していた。

負けない投手になるために

小学校時代の私はコントロールが良かった。相手バッターが右でも左でも、インコースとアウトコースの投げ分けは１００％に近い形でできていた。

高めと低めで多少ズレることはあったので、キャッチャーが構えたところに全部行くかというと行かないが、アウトコースを狙って投げたボールが逆球になることはなかった。高校時代は逆球も多かったので、もしかしたら、この頃が一番コントロールが良かったかもしれない（笑）。

このコントロールは、日々の壁当てで身に付いたものだ。壁の下側が段のようになっていて、段の角《かど》っこにボールが当たると、バーンと跳ねていく。その角がちょうどストライクゾーンの低めあたりの位置だったので、「キャッチャー、インコースに構えました」と自分で実況しながら角を狙って投げていた。練習で自分に課しているハードルが高かったので、低めの制球力も養われたんだと思う。

低めに投げて、内外さえ間違っていなければ、そんなに打たれることはない。2失点くらいで抑えられるピッチングは常にできていたので、負けることもなかった。

それでも、八尾フレンドの絶対的なエースは福井だった。

福井のボールはバーン！ という感じで、とにかくスピードやキレがすごい。その部分で勝負しても間違いなく負けるので、私が福井と張り合うには、〝勝ち〟しかない。福井が勝ち、私も勝ったなら、〝勝利〟という部分では対等になれる。

私自身が実力で福井に勝ってエースになるのは難しい。だが二番手ピッチャーではなく、なんとかダブルエースと呼ばれるまでになりたいと思っていた。

ボーイズリーグでは、一日2試合のダブルヘッダーで予定が組まれることが多い。そのとき、準決勝は福井が投げて勝ったけど、決勝は上重が投げて負けたというのは、私の中では許されないことだった。福井が勝ったなら、自分も勝たなきゃいけない。「ああ、やっぱり二番手になると落ちるね」とは言われたくなかった。

常に、勝利に直結するパフォーマンスを、マウンドで表現しなきゃいけない。そのためにプレートの立ち位置を変えたり、間の取り方を工夫したり、「どうすれば勝てるのか」という強い思いを早い段階から持っていた。

「今日はどうも調子が悪いな」というときでも、絶対に試合には勝ちたいから、試合に勝つためにはどうすればいいかを、自然に考えるようになっていった。

例えば、今日はボールが走っていないから、コントロールを丁寧に投げようとか、テンポだけで相手を巻き込んで、こっちのペースに引きずり込もうとか、この頃から考えながらやっていた。

その日、全部が悪いということはまずない。何かしら調子の悪さをカバーできるものがある。それをブルペンやマウンドで見つける作業をしながら投げていた。

逆に言えば、カバーできる何かを見つけられない場合は大量失点につながる。その結果負けるのだけは許されないので、誰に教わるでもなく、自然にそういうやり方が身に付いていった。

このときの経験は、後にプラスになったと思う。

初めてのミス

私は6年生のときもキャプテンに任命され、新チームは夏までずっと無敗だった。

その年新たに創設された大きな大会の予選の決勝で、〝事件〟は起きた。ここで勝ち上がったら、次の試合からテレビ中継されるという大事なゲームだった。

最終回、2対1の1点ビハインドで、ワンアウト、ランナー三塁。同点のランナーが私だった。いろいろなケースが考えられる。犠牲フライ、スクイズ、強打……。

監督のサインは〝打て〟だった。

「ガシッ！」

鈍い音が鳴り、打球はサードへと転がる。

だが、三塁ランナーの私は、ホームに突っ込むことができなかった。足がすくんでしまったのだ。

結局、そのまま試合は2対1で負けた。6年生になって初めて負けた試合だった。

よくよく考えると、余裕でホームに行ける打球なのに、どうして動けなかったのか……。

試合後のミーティングで、監督に初めて怒られる。

「おまえほど野球を知ってるやつが、なんであそこで行けなかったんだ？　キャプテンだろ！　がっかりしたぞ！」

ショックだった。試合が終わったあとのミーティングで、みんながうなだれている中で監督から名指しで叱咤《しった》された。いままでみんなの前で怒られるなど経験したことがなかっただけに、プライドもズタズタにされ、大恥をかいた思いだった。

チームメイトや親までもが悲しそうな顔をしており、初めて人をがっかりさせてしまった……という思いも込み上げる。

「上重くんがあのとき行ってたら勝ってたよねー」

「走ってさえいればねー」

そんな声もちらほら耳に入ってくる。

私の落胆はさらに深まり、このミスを引きずりながら家路についた。

両親は私に「なんであのとき……」などとは一切言わないし、試合のことについては何も触れない。それが余計に、私に気を遣っているんだということがひしひしと伝わってきた。

静かな夕食が終わり、私は早めに布団に入った。

夢が教えてくれたこと

……その夜、夢にそのシーンが出てきた。

最終回、ワンアウト、三塁ランナーが俺だ。

サードゴロなのに走らない俺がいる。

「なぜだ!?　打球判断のミスか、ただ足がすくんでビビッてしまっただけなのか……」

考え込んでいる自分がいる。ときおりまわりをキョロキョロ見ながら、また下を向いて考え込む。監督のほうを見て、チームメイトを見て、観客の中にいる親を見て、そして自分の足元を見た。

「違う違う違う」

「そうだ、事前に自分は何も考えてなかったというか、準備ができてなかった」

「ちゃんと確認と整理ができてなかったんだ」


ハッと目が覚めた。

「そうだ！　なんであそこで確認しなかったんだ！」

試合直後は、言い訳ばかりを考えていた。

すぐにホームに投げられる位置でサードが捕ったからとか、ミスの言い訳のほうばかりに頭が向いていた。よく考えてみれば、いままでの細かいミスも、ちょっとした言い訳で逃れられていたんだと思う。

でも、今回は大事な場面での、言い訳できないような大きなミスだった。

いままでに味わったことのない屈辱で、

「この試合、俺はなんでホームに行けなかったんだ？」

目に見える大きなミスを犯し、自問自答を繰り返していた。

その答えを、夢が教えてくれた。

最終回に1点差で負けている大事な場面で、私は舞い上がっていて緊張感もあった。「この打球だったら行く、いや行かない」という迷いがあり、考えている間にサードゴロが飛んできて、どっちにすべきか動けなくなってしまった。

早めに準備をして、この打球ならゴーで、これならストップという整理ができていれば、何の問題もなくスタートが切れただろうし、もし判断に迷うような場合は、普段ならベンチにゴロ・ゴーかストップかを確認していたはずだ。

つまり、準備ができていないと悪い結果につながるということを、そのときに思い知らされた。逆に言えば、良い結果を生むためには、事前の準備が大切なんだということに気付くことができた。

これをきっかけに、私は「良い準備が良い結果を生む」という考えを大事にするようになった。例えば、良い練習を重ねて試合に臨むとか、試合に備えて前日は早く寝るとか、勉強でも良いテスト勉強をして本番に向かうとか……。

それに、良い準備をして臨めば、たとえ結果が悪くても悔いは残らないものだ。

この考え方は、その後もずっと持ち続けていて、いまの仕事にも活かされている。

問題のシーンでは、まさに良い準備ができていなかった典型であり、学ぶことも多かった。私にとって、初めての挫折であり、壁でもあった。

やっぱり壁にぶち当たったときこそが、人の生き方を変えてくれる。うまくいっているときは、自分の考えが変わったり、何かに気付いたりということはそうない。

挫折に打ちひしがれていた私だったが、立ち上がり、乗り越えて、その後3つの全国大会すべてを獲った。

生まれて初めての壁にぶつかって、そこから立ち上がって壁を乗り越えたときに、人は新たに成長していく。

特に私の場合は、挫折から何かを得る、あるいは壁を乗り越えたあとに何かを成し遂げるということが、後の人生でも不思議なくらい周期的に起こってくることになる。

我慢のとき

私は中学に入っても八尾フレンドで野球を続けた。

6年生のとき、15大会に出場して12回優勝。キャプテンでもあった私は自信を持っていた。中学でも「1年からレギュラーを獲ってやるぞ!」という気持ちでいたが、そんなに簡単にはいかなかった。

中学になって体格差を一番感じるのが中1と中3だ。180センチある中3の先輩がガンガン打っていると、この間まで小学生だった中1はまったく歯が立たない。

それは、もはやセンスや努力の問題ではない。

バットも急に重くなり、塁間も長くなり、ピッチャーもホームベースまで15メートルだったのが18・44メートルにまで伸びる。だから中1の夏を迎えても、3年生が引退するまでは、ただ参加しているだけの状態で忸怩《じくじ》たる思いはずっとあった。

特に小学校のとき、あれだけやれていたという自負もあり、いまは我慢のときだと自分に言い聞かせていた。言い訳として、

「身体ができれば俺だってできる！」

というのを拠り所とし、牛乳をひたすら飲んで、いまは身長を伸ばす時期だと無理矢理自分を納得させていた。

現在、私の身長は182センチ。

よく「小さい頃から大きかったんですか？」と聞かれるが、実は自分なりに計画を立てて身長を伸ばした経緯《けいい》がある。

まわりの人たちを見ていると、小学校のときにずば抜けて大きい人はそのまま大きくなるか、ピタッと止まってしまうかのどちらかで、小学校のときにそんなに大きくなかった人が、中学から突如でかくなるというイメージを小学校2年生ながらにして持っていた。科学的根拠も何もない、ただの空想でしかない考えではあるが……。

小学生の頃、牛乳が嫌いだった私は、逆にこれはチャンスだと思い、中学になってから牛乳を飲み始め、暇さえあればジャンプをしていた。なぜジャンプかというと、でかい人に共

通するものは何だと考えたときに、バスケットボール、バレーボール……ジャンプだ！

そんな単純な発想だった。

それから私は、牛乳を飲んで夜一人でジャンプする一連の運動を中1から来る日も来る日もやっていたら、中学1年の最初の身体測定で155・5センチだった身長が、1年間ずつ10センチ、10センチ、5センチみたいに伸びていき、中学を卒業するときには180センチほどになった。

中学はだんだんと身体ができてくる時期だ。中学生で、身体が小さくて苦労している子や悩んでいる子も多いかと思う。

でも、身体が大きくなってくれれば、それに伴って技術や体力もすごく伸びてくる時期が必ずくるから、じっくり焦らないで待って！ といまの私なら言える。

このことを、苦しい思いをしている中学生たちに声を大にして伝えたい。

三拍子が揃った男

怪物・福井は中学に入って別のチームに移っていったが、私の前に新たなライバルが現れた。後に一緒にPL学園に進み、キャプテンとなる平石洋介（現楽天ゴールデンイーグルス一軍打撃コーチ）だ。

平石は小学校の終わり頃から、八尾フレンドの練習や試合の見学にちょくちょく大分から来ていた。兵庫や奈良あたりから見学に来るというのは、それまでにもいたが、わざわざ遠く九州は大分から見学に来ていることにびっくりして、すごいなと思った覚えがある。

さらに中学になったら、大分から八尾に引っ越してきて、八尾フレンドに入りたいと言う。そしてその言葉通り、野球をやるために大分の親元を離れ、身の回りの世話をするおじいちゃんとおばあちゃんと平石の3人で八尾まで出てきて、八尾フレンドに入った。

凄まじいまでの覚悟や決意を感じて、こんなやつがいるんだと驚いた。

それで野球をやらせたら、センスもすごくいい。足は速いし、バッティングもシャープで、もちろんメンタルも強い。福井みたいな怪物タイプではないが、三拍子が揃っていて、とてもバランスの取れたいい選手だった。

「また厄介なやつが入ってきたな」

と思うのと同時に、福井がいなくなった中学では、平石が一番のライバルだと決めた。

平石は投げ方が硬かったので、野手のほうが向いていると私は感じていた。

だから、ピッチャーとしては負けない自信が私の中にはあったが、バッティングと野手としてのセンスはすごい。その実力通り、3年生が引退して新チームとしてスタートする中1の秋から、平石はレギュラーに定着していた。

一方の私は、最初はショートで五番で出させてもらったが、バッティングが全然ダメで結果を残せず、だんだん試合出場がなくなっていった。

メンバーにはギリギリ入っても出場機会がほとんどなく、悔しさや嫉妬が入り乱れて悶々《もんもん》とする日々が続いた。

素直になれなかった反抗期

中学1年秋から自分たちの代までは、試練のときであり、我慢のときでもあった。

小学時代の活躍が頭にあったので、すんなりレギュラーにもなれると思っていただけに、自分の思い描いていたストーリーとはかけ離れていて、かなり辛い暗黒の時代でもあった。「身体さえできれば……」と自分に言い聞かせるしかなかった。

この中学1年から2年の秋口までは素直になれなくて、あんまりいい方向に向かってなかった時期だ。むしゃくしゃしていて、悪い友だちと夜な夜な遊びに行ったりとか、なんか自分の中でうまくいかないなという鬱憤《うっぷん》がたまりにたまっていた。

現状に不満を抱いて野球を辞めてしまう選手もいるが、我ながらよく耐えたなといまでは思う。「野球を辞めたら、こういう思いをしなくても済むのかな」と考えたこともあるが、野球をやっていない普通の中学生を見回してみると、表情豊かに楽しんでいるようには見えなかった。

「俺には野球があるから、いまの人生が充実してるんだ」

という思いがどこかにあった。

だから、野球を嫌いになることはなかった。野球を辞めてしまったらそこで負けだから、それだけは許せなかった。

この時期はミスターチルドレンが好きで、夜に自分の部屋で音楽を流して枕を殴ったり、ときには枕を投げつけて、「なんでうまくいかねーんだよ!」と当たったりもした。

両親もあえて野球のことには触れなかった。「小学校の頃はよかったね」とか「いまは試合に出ていないね」などとは一切言われたことがない。

親は変わらず私のことを気遣ってくれていたのに、反抗期だから、寝る前に母が「歯を磨きなさいよ」と言うと、

「これから磨くんじゃあ、ボケ、うるさい、ババァ」

親に向かって、口にしてはいけないことも言っていた。

野球がうまくいかないことと、両親は関係ないとわかっていたつもりだったけど、やり場のないジレンマや焦りに覆われていた。

ただ、幸いにも私は、一晩寝るとコロッと忘れて、「また頑張ろう」となるタイプだった。

野球と勉強の両立

野球で試合に出られなくて、鬱憤がたまっているときでも勉強は続けていた。

小学校5、6年生のときは、平日の月木が練習は休みで、それ以外は19時に練習が終わり、急いで家に帰っておにぎりひとつだけ食べて塾に行く。21時半くらいまで塾で勉強して家に帰り、そこから晩ご飯を食べて風呂に入って寝るのが23時30分くらい。それで翌日は7時くらいに起きる。そういう生活を送っていた。

正直、しんどかった。いまとなっては親がこの環境を作ってくれたことによって、立教大学にも行けたし、いまこうやってアナウンサーという仕事にもつながっているので感謝しているが、当時は辛いときもあった。

中学でも同じような生活をしていた。小3から計7年間、ずっと野球と勉強を両立する生活を続けた。

小学校の頃、しんどくて「塾、辞めたい……」といったことを口にすると、母は、「塾を辞めたら野球も辞めさせますよ。あなた言ったでしょう？　どんなことがあっても最後まで両方ずっとやり続ける、と」

どちらかのせいには絶対にするな、という教えだった。「野球をやってるから勉強がダメになった」「勉強をやってるから野球がダメになった」は絶対に言うなと。

その頃は「くっそー」と思っていたが、そう言われると頑張ろうとする私の性格を、親はちゃんと知っていた。

これは最近母から聞いた話だが、あの頃の私は親の目から見てもよく頑張っていたと。息子が、野球と勉強の両方を続けるのがしんどいのも、どちらかひとつにしてあげたほうが楽になるのもよくわかっていたから、親としても見ていて辛かった。でも、歯を食いしばって頑張っているあなたの姿勢や気持ちを、まわりから削《そ》ぎたくなかった。だから、頑張れという部分で親がサポートしてあげようと思っていたと。

また、母はこうも言っていた。可愛い我が子を千尋《せんじん》の谷に突き落としてもいい場合と、突き落とす手前で止めてあげなきゃいけない場合があるけど、あなたは突き落としても這い上がってくるタイプだし、それが力になるタイプだからと。

あのとき表情を見て、本当に辛い、これ以上は無理だと感じたら辞めさせていただろう。だけど、食いしばっている姿が見えたから、親として辛さや迷いもあったけど、あえて突き放したんだよと言われて、「そのときに言えよ」と思った(笑)。

だが、本当にありがたい話だ。

子どもはその環境に置かれると、「なんとか頑張ろう」と思って意外にできるものだし、その場に適応してしまうものだ。自分だけの判断だと、どうしても人は楽なほうへと逃げてしまうので、親がうまく操縦し、その子に合った環境をうまく作ってあげることが大事だ。

私のように負けず嫌いで、ちょっと強めに負荷をかけたほうがグッと頑張っていく子もいれば、その子のペースでゆっくりやらせることで伸びる子もいる。

その子に合った方法を見つけてあげるという部分が、特に小中学校の間は一番大事なように思う。どういうやり方が自分に合っているかの見極めは、なかなか子どもは自分自身の力ではわからない。

野球や勉強に限らず、そこはやっぱり親や先生が、この子にはどういうやり方が一番合うのか、アプローチの方法をきちんと見定めることが大切だと思う。

新たなライバルの出現

「とにかく身体を作って、自分たちの代になったら勝負しよう」

そう思い続けた試練の1年半のときを越えて、ついに中2の秋がやってきた。日々の牛乳とジャンプのおかげか、この頃の私の身長は170センチほどになっていた。

だが、実はその前の中1の途中あたりに、山口善嗣《よしつぐ》という背は低いがゴムまりのような身体をしたすごいピッチャーが、八尾フレンドに入ってきていた。

山口はバネのかたまりみたいな感じでサイドスローからピーン、ピーン、ピーンと小気味の良いボールを投げる。私もピッチャーとしてマウンドにも立ち、それなりに抑えてはいた。だが、安定感は山口のほうが上で、2年生から山口がエースとなっていた。

結局、私は中学でも、エースナンバーをつけることはできなかった。

当時の私は、ちょうど身体が大きくなっている真っ最中だった。自分で自分の身体を持て余し、うまく使えていなかったので、またもや二番手投手という立場に甘んじることになったのだ。

打順も六番か七番あたりで、ピッチャーをやっていない試合では外野を守っていた。この頃の私はまったく大した選手ではなかった。

だが、これは自分に対する言い訳かもしれないが、「いままで培ってきた技術は、絶対あいつらには負けてない」と常に思っていた。

「まだ俺は身体が大きくなっている最中だから、いまはひたすら耐える時期なんだ」

「身体さえできあがれば、俺はもっと速いボールも投げられるし、もっと打球も飛ばせるようになる」

そんな確信があった。私の負けず嫌いのスイッチは入りっぱなしで、

「同級生には負けたくない」

という思いをずっと持ち続けていた。

ＰＬ学園への憧れ

私が中3のとき、福留孝介さん（現阪神タイガース）がＰＬ学園で春夏甲子園に出場していて、テレビの画面で見るたびに「かっこ良いな〜」と思い、ＰＬのユニフォームがやけに眩しく映ったのを覚えている。

もちろん、幼い頃から憧れていた桑田真澄さんの母校がＰＬだということもあったし、当時の大阪ではＰＬがナンバーワンの位置づけだったので、そこで勝負してみたいという思いが芽生えた。

いままで小中学校では背番号1番をつけられなかったので、高校で1番をつけるという目標は揺るがない。だったら、ナンバーワンの学校で1番をつけたら、一番かっこ良いんじゃないかという思いが自然と湧き起こってきた。

ＰＬに行きたいという思いは山口も持っていて、そういう意味でも山口は私のライバルだった。

その頃、ＰＬのスカウトの方が、「山口は身長がちょっと低いのでいまが精一杯だけど、上重は背も高いし伸びしろがある」という話をされていたと監督から聞かされていた。

夏前あたりの大会で、「よし、優位に立った」と思って迎えたのが河内長野ボーイズとの一戦だった。

河内長野ボーイズには、後のＰＬの四番に座る古畑和彦が四番にいて、同じく後にＰＬで二番を打つ井関雅也が三番にいた。この試合はＰＬのスカウトの方がバックネット裏に観に来られていたので、先発の私はこの二人を抑えればいいアピールになるぞと思って試合に臨んだ。

私の思惑通り、四番の古畑からは三振も取り、全打席抑えたのだが、三番の井関には２本のホームランを打たれてしまった。これで井関の評価は上がったのだが、私の評価は落ちた。試合後には監督から「もしかしたら、ＰＬに行くのは厳しいかもしれない」と言われ、絶望的な気持ちになった。

そして夏の大会で、東名古屋スターズとの一戦を迎えた。このチームには、後のＰＬの三番、本橋伸一郎がいた。本橋はその前の全国大会5試合で、３本のホームランをプロの球場で打っていて、「名古屋にすごいのがいる」と評判のバッターだった。この代ではナンバーワンと言われていて、すでにＰＬ進学も決まっていたほどだった。

この試合にもＰＬのスカウトの方が来られると聞いていたので、先発の私は腕がちぎれてもいいと思いっ切り投げた。もう大会は最後なので、これがラストチャンスだと思い、この試合で人生が決まるくらいの思いで命を懸けて投げた。

その結果、本橋を４タコ２三振と完璧に抑え、３対２で勝利した。

その後、1ヵ月ほどは腕がおかしくなり、ボールが投げられなかった。でも、ある意味この試合は人生の大きな分岐点となる一戦で、私は首の皮一枚つながり、その後PLから声を掛けていただくこととなった。

徹底的に追い込んだ秋からの半年計画

念願のPL進学が決まったのはいいが、PLのスカウトの方から聞かされたのは、「君たちの代はピッチャーを7人獲るけど、上重くんは6番目の評価だから」という言葉だった。でも、私はまったく落ち込まなかった。残りのメンバーたちは大体ボーイズの日本代表の選手たちで、その実力もよく知っていた。

彼らとは、「あいつらがPLに行くんなら敵わないな」ではなく、「頑張れば逆転できるかもしれない」と思えるほどの実力差だったからだ。

野球がうまくて強豪校に進むことが決まっている選手はヤンチャな子も多く、中3の最後の大会が終わったら、残りの半年間は思い切り遊ぶ場合が多い。だから、私はみんなが遊んでいる秋から入学までの半年間がチャンスでもあり勝負でもあると考えて、死に物狂いで自分を追い込んだ。

この半年間で追い越せるかまではわからなかったけど、PLに入ったときに差は詰められると思ったし、6番目の評価も上げられるかもしれない。そういう思いでジムに通ってトレーニングをしたり、学校に走りに行ったり、それまでの練習よりある意味過酷なトレーニングを自らに課して、徹底的に身体をしごいた。

これは、私の負けず嫌いの性格も多分に影響している。

もしもスカウトの方から、「上重くんは1、2番目の評価だから」と言われていたら、半年もの間、自分を追い込んだりはしなかったと思う。「俺より上と言われているあいつらに、なんとか追いつき追い越して、PLで背番号1番をつけたい」という明確な目標があったからこそ、半年間頑張ることができたのだ。

それに、先輩たちから「とにかくPLの練習は、すごく走らされる」と話を聞いていたのも頑張った理由のひとつだ。まずは、その厳しい練習についていかなきゃいけないという思いもあった。

私は、この中3の夏以降の過ごし方について、いまのボーイズやシニアの子たちに対して伝えたい。この時期はさぼりがちになるんだけれど、この半年間をどう過ごすかが大事なんだよと。

指導者のみなさんも、夏以降の過ごし方が大切なんだということを、徹底して説いてあげるといいと思う。

私の考えが間違っていなかったと確信したのは、PLに入って1ヵ月後のことだ。みんな肩が痛いとか疲労骨折になったりとかで、その時点で投げられるピッチャーは私一人しかいなかったからだ。

このあと、私の秋からの半年間の計画は、想像していた以上の成果を上げることになる。

また、これは余談だが、平石洋介がキャプテンをしていたボーイズの日本代表のほとんどがＰＬ学園に進み、松坂大輔（現福岡ソフトバンクホークス）を筆頭としたシニアの日本代表の多くが横浜高校に進んだ。

当時の高野連の方たちが、

「３年後の甲子園の決勝は、ＰＬ対横浜だな」

という話をしていたと、後に聞いたことがある。

第2章

ＰＬ学園での苦しい日々

「研志寮」での厳しい暮らし

PLには「研志寮」という寮があり、そこで3年間仲間たちと寝食をともにする。人によってはニ度とこの寮生活を経験したくないという者もいるが、私にとってこの寮生活は後の人生で大いに役立ったと言っても過言ではない。

いまは廃止となっているが、当時は「付き人制度」が厳然と存在した。入学するとまず1年生が3年生の世話をし、3年生が夏の大会で引退すると、今度は1年生が2年生の世話をするというのが付き人制度である。

簡単に付き人といっても、親の庇護《ひご》のもとでぬくぬくと育ってきた中学を出たての15歳の少年が、3年生の世話などできるはずがない。

この付き人をやって一番最初に感じることは、親のありがたみだった。

家に帰って普通にご飯が食卓に出てきて、服を脱いで風呂に入って次の日には洗濯された服が用意されている、当たり前だった日常が当たり前じゃなくなる。いままでの実家での生活では、常に誰かの手が加わっていたことに初めて気付くのだ。

15歳で親元を離れるのはなかなかできることではないし、親元から離れてみないと気付けないことがたくさんある。15歳にしてそういう経験ができたことは、いまの人生で非常に役に立っている。

とはいうものの、当時はやっぱりしんどかった。野球の練習よりも寮生活で苦労する者もいっぱいいいた。

中学時代、ヤンチャだった者は洗濯の仕方などわからない。中にはカップラーメンをどうやって作るかもわからず、カップ焼きそばを作るのにお湯を捨てずにそのままソースや具を全部入れて持っていって「バカヤロー！」と先輩に怒鳴られる者もいた。

また、1年生は上級生に対して、「はい」と「いいえ」しか使ってはいけないという決まりもあった。例えば、先輩から、

「おまえはシニアリーグの出身か？」

と聞かれて、

「いいえ、違います。ボーイズリーグ出身です」

と答えてはならない。まず質問に対して、

「いいえ」

と答えた後、

「じゃあ、どこなんだ？」

と聞かれて初めて、

「ボーイズリーグ出身です」

と答えることが許されるのだ。つまり、先輩に対して軽々しく話しかけたり、必要以上のことを言ったりしてはいけない。

「聞かれたことに対しては、最低限の言葉で答えろ」

「自分から発信する言葉はいらない」

そういう考えから生まれた鉄の掟だった。

ちなみに、笑顔も禁止だった（笑）。

私が一番苦労したのは、アイロン掛けだ。

例えばYシャツの場合は、襟、袖、ボタンの部分から背中まで、とにかくシャツ全体に丁寧にアイロンを掛けていくのだが、シワが一本でもあると怒られる。3年生になるとオシャレにも目覚めてくるので、綺麗に折り目をつけるように頼まれる。いままでアイロンなど使ったことがないので、とても時間も掛かるし面倒で難しい。

あとはTシャツひとつとってみても、たたみ方が先輩によって好みが分かれるので、服をたたむのにも神経を使う。

食事は、給食センターのような所から運ばれてくるのだが、先輩によってはリクエストがくる。

「今日は何？」

「鶏肉ですが、何にされますか？」

「じゃあ、照り焼きにしといて」

焼かれた鶏肉を、自分たちで砂糖と醤油を使って照り焼きみたいな感じにしてもう一回焼き直す。

豚のソテーが出てきたら細かく切って白いご飯に混ぜ、卵を入れてチャーハンにして出す。俗にいう〝PLチャーハン〟だ。とにかくリクエストに応えるために準備を整えて調理し、「できました」と先輩を呼びにいく。靴磨きもするし、布団の上げ下ろし、洗濯、風呂掃除……もう付き人というより、ちょっとした主婦だ。

付き人をやっている限り、時間の管理が非常に重要になってくる。

例えば、洗濯をするにしても、要領のいい者は洗濯機を回しながら違うこともこなす。きちんと作業の組み立てを考えてやらないと、時間内に片付かない。とにかく下級生はやることが多いため、自分で背負い込みすぎて苦しくなる者もいた。

野球ではなく「付き人制度」の壁にぶつかり、辞めていってしまうパターンが多かった。

朝4時半から始まる寮の長い一日

朝6時に起床し、全員で体操してから朝食を取るのが日課だった。

1年生は、朝の6時前までにご飯の準備と、3年生が起きるまでに枕元に洗濯物をたたんで置いておくという作業があるため、大体4時半くらいには起きていなければならない。

洗濯に関しては、付き人につく先輩のポジション（守備位置）によっても変わってくる。ピッチャーのユニフォームはほとんど汚れないため洗濯は楽だが、グラウンドが黒土なので、内野手の場合だと、打球に飛び込むとユニフォームの生地の奥まで土が摺《す》り込まれてしまう。そうなると、洗濯板とブラシを使って、まず石鹸でこすって綺麗にしてから洗濯機に入れないと汚れは落ちない。

外野手は基本的には楽だが、芝で滑り込んだりすると、内野手と同様に洗濯板とブラシを使って摺り込まれた芝を落とす。芝もユニフォームの繊維にまで摺り込まれると、ちょっとやそっとでは取れないのだ。

私は外野の先輩の付き人をやっていたため、「芝、取っといてねー」と言われたときの複雑な思い……。また、内野手の先輩についている者は、ノックを見ていて先輩が飛び込むと、「あー、飛んだー、あれ（洗濯）しなきゃ……」と苦々しい気持ちになるが、もちろんそんな表情を先輩に見られるわけにはいかない（笑）。

これも、いまとなっては懐かしい思い出だ。

朝練は、意外に思われるかもしれないが、軽いランニングのみだった。監督も一緒に来るが、身体を鍛えるというよりも、朝食を美味しくいただくために身体をほぐす意味合いの軽い運動だ。

起きてすぐに朝ご飯にするより、ちょっと身体を動かすことで胃も起こして食事を取る。規則正しい生活を送る中で、練習をしたほうがいいというのが監督の考えだった。要するに、しっかり朝ご飯を食べたほうが、その日一日を元気に生活できるというわけだ。

朝練の散歩程度のランニングは、6時過ぎから始まり、1年生だけ食事の用意のため先に帰る。朝食は学校側からきちんと用意されるのだが、さらにプラス1品という形で前日に「明日は何にされますか?」と先輩のリクエストを聞きに行く。

「目玉焼きにしといて」、「スクランブルエッグにしていて」、「ベーコンつけといて」……先輩のリクエストは絶対である。二週間に一度買い物に行って卵やベーコン、ハムを購入し、それをストックしておく。先輩のリクエストに応えるためには、普段からの準備を怠ってはいけないということだ。

いまにして振り返ってみると、私は、かなりの適応能力があったように思える。

ただ野球がうまいだけでは、PLでは通用しない。プラスアルファの適応力を持っていないと、PLで生き残るのは相当厳しい。そういう意味では、野球の能力自体はPL内では普通レベルの私だったが、適応力に関してだけは人一倍自信があった。

もともと両親が共働きで、家に帰ったら一人で卵焼きを作って食べたりしていたおかげで、順応する力が養われたんだと思う。洗濯も掃除もすぐにコツをつかみ、時間の使い方も含め、自分の頭の中でより効率的に行動する方法を考えることができた。

ＰＬ伝統のランニング

6時30分からの朝食が終わり、それから後片付けをして学校へ行く。授業は5時限しかないため14時過ぎには学校が終わり、15時から午後の練習が始まる。

学校から寮までは2キロ程度あり、1年生は寮まで走って競争しなくてはならない。

5時限目の授業終了のチャイムが鳴ったら、寮まで走って行く。そしてビリから後ろ3人が「練習前にジュース買ってきてー」といった頼まれごとをされる。要はパシリとして使われるのだ。

これを私たちは、〝べべ・スリー〟と呼んで恐れていた。

しかし、急に脚力がつくわけではないので、パシリになるメンバーも固定されてくる。とにかくＰＬはランニングの量が多いため、足の脛《すね》のあたりが痛くなる。病院に行くと、骨が折れているわけではないが、疲労骨折だと診断されることが多い。私は一回もなったことはないが、選手のほとんどが疲労骨折と診断されていた。

故障した者は、走りを免除される。最初は1年生21人で競争していたのが、そんなこんなで一人減り二人減りで15人になり、10人になり……私を含めた4人だけで競争したことがある。つまり一人しか勝ち上がれない。他の3人はみんな長距離に自信のある者ばかりだったから、走る前から私だけパシリは確定だ。

パシリになると練習前に行うグラウンド整備が疎かになってしまい、それが見つかった日にはメチャクチャ怒られる。だから、絶対ビリにだけはなりたくない。

野球部の生徒は、毎日5時限目の途中から、まずユニフォームの下の靴下だけ履いておく。「キーンコーンカーンコーン」のチャイムが鳴った瞬間からスタートし、ブワーッと一目散に走っていく。当然、勝ち残るためには鞄も軽量化したほうが走りやすいとか、鞄も持ちやすい感じにしたほうがいいとか、勝つための知恵を絞る。

これもPL野球部の教えのひとつだ。

練習は15時から始まり、18時半か19時くらいには終わっている。PLの練習は厳しいイメージを持っている方が多いかもしれないが、実は練習自体はそれほど厳しくなく、本当にオーソドックスなスタイルで行う。アップしてキャッチボールしてノックしてバッティングというのが一連の流れだ。

だが、練習の締めには〝最終〟と呼ばれるランニングがある。

まず、コーチがその日によってグラウンド5周、3周、1周かを決める。それぞれ制限タイムを設け、全員が5周を何分以内、3周を何分以内、1周を何分以内と決め、一人でも遅れたりすると、もう一回やり直しとなる。大体1周350メートルくらいなので5周で2キロ弱。

この〝最終〟が、ＰＬの練習の中で、誰もが一番印象に残っていると言っても過言ではないだろう。走るにしても、常にタイムを設定して競争意識を植え付ける。ただ5周走って来いと言われるのと、このタイムで走って来いと言われるのとでは身の入り方が違うため、必然的に脚力が鍛えられるわけだ。

とにかく、ＰＬ野球部の選手の走り込みは半端ではないため、伝統的に足腰が強い。冬練（冬の練習）は陸上部のように走り込みばかり。私の代のときに大阪の駅伝大会に出たのだが、毎年全国大会に出場する清風高校陸上部に続き、ＰＬ野球部の選抜メンバーが二番目に速かった。

ＰＬ野球部の愉快な仲間たち

ＰＬには1クラスだけ進学クラスがあった。毎年一人は東大、京大に行き、あとは関西学院、関大、同志社、立命館に進学するといったレベルだ。

私たち野球部員はというと、みんな体育科でクラスも一緒だった。

私は高校では、小中時代ほどは勉強をしなかった。それでも1番は取りたかったし、野球部の中ではできたほうだったから、クラスでは3年間1番だった。

とにかくチームメイトの学力のレベルがえげつない。英語なんて、「I am ～」から始めて頭を抱えている。「それ、わかんねーのかよ」と何度突っ込んだことか（笑）。

テスト期間中は、一応練習がちょっと早めに終わり、勉学の時間が設けられる。私はちゃんとテスト勉強をやるのだが、他の連中はほとんどやらない。テスト直前になると、よく私に勉強のことを聞きにくるのだが、大体の場合、聞いてくる質問そのものの意味がわからない（笑）。例えば試験の前日に、

「聡！　明日さぁ、なんて書けばいいの？」

「いやいやいや、問題もまだ見てないから、なんて書けばいいかもわかんないよ……」

「とりあえず、『ウ』って書いとけ」

「わかった！『ウ』って書いとく！」

3択問題でアイウの中から選ぶ場合、確率的に最後の「ウ」の正解率が高い気がしていた。だから、とりあえずそう言っただけなのだが、そいつは「明日のテストは、これでバッチリ」みたいな顔で喜んでいる。

ある者なんか、英単語100問の5択マークシートの試験で、順番にひとつずつずらしてジグザグにマークしていった。返ってきた答案用紙を片手に、そいつが嬉しそうに言う。

「俺、綺麗に斜めに塗っていったんだけどさ……」

「4点も取れたよ！」

いやいや、5択だったら普通は確率的に20点を取れるはずだから……。

塗り絵感覚でジグザグにマークする発想。20点取れてもおかしくないのに、五分の一の4点しか取れなかったという逆の意味でのすごさ。その4点を喜んでいるありえない姿……。私には、掛ける言葉も見当たらなかった（笑）。

他に、こんなこともあった。

私はみんなと一緒に勉強するのが嫌いだったので、テスト期間中は22時くらいに寝て朝の3時、4時あたりに起きて集中して勉強していた。

それを私から聞いたあるチームメイトが、

「俺わかった！　なんで聡がいい点数取れるのか！　朝起きて勉強して、テストまでの間隔が短いから忘れないいんだ。わかった！　俺、今日21時に寝る」

と言って21時に早々と寝た。だが次の日の朝、なかなか起きてこない。6時の「起床～！　起床～！」の声で慌ててバッと起きて、

「やっべ！　しまった！　やっちまったー！」

と頭を抱えていた。

どれも可愛らしい話だけど、そんな人間が多かった（笑）。

体育科は約35人いたが、授業中に起きているのは二人くらいで、あとは全員寝ている。私はちゃんと起きて授業を受けていたので、進学クラスに入るくらいの学力はあった。とはいえ、ＰＬに行った時点で勉強については少し諦めていた部分があったので、授業で教わ

る範囲の勉強ができて、ある程度の点数を取ればいいかくらいの感覚だった。

野球部の仲間と学力の差はあったけど、一緒に話をしていて物足りないと感じたことは一度もなかった。PLに来ている選手は、勉強はまったくわからないかもしれないけど、特に野球に関してはすごく考えてる人間が多い。

「勉強頭と野球頭は違うんだ」

と、PLに来てつくづく感じた。

例えば、毎回成績がビリから3番以内で赤点ばかり取っていた選手が、泣く子も黙るコーチに呼び出され、「次に赤点を取ったらどうなるか覚えておけよ!」と怒られた。そいつは必死になって勉強をすると、クラスで2番になった。

だから、バカじゃない。ただ勉強をやらないだけなのだ。

マヨネーズ禁止

なぜかPL野球部には、

「1年生はマヨネーズを使ってはいけない」

という決まりがあった。代々受け継がれてきた伝統で、その由来はわからないが、決まりは決まりだから従うしかない。

中学まで普通にマヨネーズを使っていたのに、高校になったとたんに「マヨネーズを使っちゃいけない」と言われると、人間は不思議なもので、マヨネーズがすごく貴重なものに思えてきて、マヨネーズを使うことに憧れさえ抱くようになる。

夜中に起きて、こっそり食堂に行ってマヨネーズを食べて、「あ、マヨネーズってこんな味だったんだー」とか、食事が終わった先輩の皿を流しに持っていく際に、先輩たちの目を盗んでペロッと舐めたりとかしてしまうほど、マヨネーズの魅力に取り憑かれる。

4月に入寮して、6月に一度実家に帰宅できる外出時間をもらえる。

可愛い我が子が親元から離れて2ヵ月。当然、親も心配している。この2ヵ月の間に5、6キロは痩せ、もう別人みたいになっている。

親からしたら、そんな息子のやせ細った姿を見ただけでも心配になっているのに、「なに食べたい?」と聞いたら、息子は間髪を入れずに「マヨネーズ!」と答える。母親は、「あぁ、うちの息子はおかしくなった」と思ったらしい。

普通なら「焼き肉が食べたい」とか、何かご馳走の名を口にするのかと思っていたらマヨネーズ……。でも私としては、きついランニング中も日々「あと何日で好きなだけマヨネーズを食べられる!」と指折り数えながら、待ちに待った実家帰宅の日を迎えている。焼き肉や寿司よりも、マヨネーズに対する欲求のほうが高かった。

だから、いまでもマヨネーズを見ると、高校1年生のときを思い出す。

たかがマヨネーズひとつ禁止になっただけなのに、

「俺も頑張って、2年になったらマヨネーズをいっぱい使ってやるぞ！」

と意欲が湧いてくる。

何かを得るためには、何かを我慢しなきゃいけない。

それがなんでマヨネーズなのかはわからないが、ただひとつの食べ物が禁止されているだけで、そういう思いに至った。

あと、当時男の洗顔とか男性化粧品が出始めた頃で、〝男の泥パック〟というのがあった。坊主頭の高校生にとって、オシャレするところは眉毛か肌しかない。だが1、2年生は泥パックは禁じられていた。3年生の先輩が〝男の泥パック〟をして寮の廊下を歩いているのを見て、「あ！　俺も3年になったら泥パックをしてやろう！」と強く思った。

マヨネーズと泥パックは、高校時代一、二を争う憧れの商品だった。

とても単純な話だが、「今ここを耐えて、2年、3年生になったらやってやる！」という思いが、日々の活力やエネルギーになっていた。

じゃあ、マヨネーズを食べなかったら野球がうまくなるのかというと、まずうまくはならない。理不尽といえば理不尽だ。でも、だからといって何でもOKになってしまうと、辛抱して辛抱して、いつか這い上がってやるという気持ちは芽生えてこない。

合理主義のアメリカ人なら、「マヨネーズを我慢して、どうするんだ？　美味しくご飯を食べたほうがいいだろう?」と普通に思うのだろう。

正直、マヨネーズ禁止が良かったのかどうかはわからない。でも、自分たちが経験したから言えるのは、たかがマヨネーズだが、されどマヨネーズで、「なにくそ!」とか「いつかは!」という気持ちを育んでくれたのは確かだ。

「甲子園に出る!」という目標は遠くておぼろげだが、マヨネーズを使えるか使えないかは、2年生になるまでの辛抱なので現実的だ。テーブルの上にマヨネーズが置いてあるのに、それが使えない。手が届きそうで届かない、いい距離感でもある。

はるか遠くにある甲子園と、手が届きそうな近くのマヨネーズがイコールではないけれど、同じように私たちの心を駆り立てる何かがあったのは事実だ。

人知れず流した涙

先ほども述べたが、PLの練習自体は厳しくない。毎日100本ノックを受けるといったことなどまったくない。練習はあくまでも試合に近い形で行い、言ってしまえば練習は自分の力を披露する場であって、鍛える場ではないという考え方だ。

ノックにしても、試合前のノックより少し多めに打つくらいで、ショート一人に10本、20本のノックなんて一度もない。

鍛えるのは自主練。そこで鍛えて、練習で合わせるというのがＰＬの練習スタイルだ。自主練の時間も各自バラバラで、全体練習が終わってやる人もいれば、夕飯を食べてからやる人もいる。ＰＬ教の〝夕参り〟というお参りが19時頃にあり、そのあとに室内練習場でやる人が大半だった。

野手はバッティングをしたり、ピッチャーはランニングをしたり、1年生は、付き人の3年生が野手だったらトス上げをしたりする。1時間で終わる人もいれば、2時間、3時間やる人もいる。先輩によって自主練のやり方は様々なので、1年生たちの時間配分も当然変わってくる。

中にはあまり自主練をやらない先輩もいるし、故障して練習ができない先輩もいる。そういうときは、自分の時間が有効に使える。また、付き人がピッチャーの先輩だと、自主練といってもランニングや筋トレをするだけなので、そういう意味では楽だった。

私たちの代の1年生は入学当初21人が入ったが、最終的には16人になった。

1年生の段階で5人が辞めた。付き人をやりながらの生活にうまく適応できずに辞めていった者、故障で辞めていった者もいたが、結局辞めた理由を誰一人としてきちんと聞くことができなかった。みんな野球部だけではなく学校も辞めたため、話を聞く前にすでに実家に帰ってしまっていたからだ。

でも、だからといって、その5人すべてが負け犬だとは思っていない。

私だって、布団の中で何回泣いたことか。屋上で一人泣いている者を見たことは何度もある。みんなどこかしらで涙を流したはずだ。

なんだろう。

辛さ、悔しさというより不安といった感情といえばいいのか……。

自分が想像していたよりいろんな意味ではるかに辛く、家で生活しているほうが楽なのはわかっている。

なんでここまでしなきゃいけないんだろう。

ここまでしなきゃいけないのか。

こんなにも大変な思いをしないと甲子園には行けないのか。

もし甲子園に行けなかったらどうしよう。

レギュラーになれなかったらどうしよう。

……そういった不安や焦燥が錯綜し、感情が高ぶって涙が流れてくる。

高校1年生だと、15歳か16歳の思春期真っただ中で、少年から大人へと脱皮していく時期だ。私の場合は、実家から遠くなかったこともあってか両親に会いたいとは思わなかった。

でも平石を筆頭に、九州から来た選手は、やっぱり肝が据《す》わっていた。生半可では帰れないという覚悟を持ってPLに入ってきている。

「九州のやつは強いな」と思った。

辞めていった者を見ても、大阪や関西圏の人間が多かったが、九州から来ていた3人は一人も辞めなかった。

団体生活のメリット

PLの3年間はいろいろなことがありすぎて、何から話していいのか、読者のみなさんが何を求めているのか正直わからない部分もあり、少し戸惑っている。

団体生活に限らず、どんな生活でもメリット、デメリットともにあると思うが、PLで私が過ごした団体生活はメリットのほうが上回っていたと感じる。3年間、仲間とともに寮生活を送った経験は、私の人生の中で非常に大きい。

同じ苦しい思いをしている仲間だからこそ、共有できる部分がある。

夜、一緒にしゃべりながら先輩のスパイクを磨き、星空を見ながら言う。

「絶対、俺ら甲子園に出ような！」

こういった経験は寮生活ならではのもので、自宅から通っているとなかなかできない。

また、寮生活だからこそ、靴箱を見れば誰が練習しているかわかる。だから私は、同級生のピッチャーが部屋履きでいるのがわかったら、

「よし、あいつが練習をしてないいま、走りに行こう」

と即座に思い、走りに行ったものだ。

あとは、通学における時間のロスがないのは大きなメリットだ。PLの場合、練習が終わって30秒で寮に入れる。1時間の通学だと往復で2時間。その2時間を丸々自主練にあてられるのは大きい。それが3年間積み重なると、相当大きな差になる。

上下関係は厳しく、特に1年生のときの日々の生活は、それはそれは苦しいものだった。卒業後にメンバーで集まっても、話す内容は甲子園の話より、苦しい寮生活の話ばかりだ。絶対、いい思い出を話したほうが楽しくなるのに、しんどいときの話のほうが多いのはなぜなんだろう。

苦しかった寮生活の記憶が、それだけ強いということなんだろうけど、人生で「自分ら、よく頑張ったよな！」と素直に思えることってなかなかない。

「俺も頑張ったってことは、同じことをみんなやってきたんだから、おまえも頑張ったし、おまえも、おまえもみんな頑張ったよな」

と照れもなく心から言い合えるのが、高校の集まりだと思う。

あのPLでの苦しい3年間をともに過ごした仲間だからこそ、価値観や考え方が合うし、大切な時間を共有していたんだという意識も生まれる。

寮生活を送っていなければ、こんな仲間は間違いなく得られなかっただろう。

いじめと体罰の問題

少し話が逸れてしまうかもしれないが、昨今、全国的に部活動における理不尽ないじめや体罰が噴出して問題となっている。

PLに行くといじめや体罰で、選手が潰されると喧伝された時期もあった。

確かに上下関係は厳しかった。気が緩んでいたばっかりに先輩から説教を受け、次の日から引き締まるといったことも事実あった。

当時の私が思ったのは、ちゃんと言葉で説明して、相手とコミュニケーションを取る方法もあるはずだということ。

だから、私は一度も後輩に手を出したことはない。

誤解を恐れずにあえて言うと、自分の中では手を出すのも口で言うのも同じだと思っている。口で言って後輩にわからせる自信があったので、手を出す必要などないと思っていた。

一番怖いのは、環境に染まってしまうことだ。先輩から殴られたから、自分も上の立場になったら後輩を殴るのも当たり前だと思うと、手を出すことが普通となり、感覚が麻痺してしまう。大半の人がそうなってしまうのではないかと思う。

殴られる側の受け取り方によっても、その後が変わってくる。過酷な寮生活の中で、やっぱりときには気が緩むこともあるし、ちょっとさぼったりすることもある。そういうときに受ける指導には意味がある。

でも、体罰は絶対にないほうがいいに決まっている。人を傷つけることは絶対にしてはならない。では、傷つけない程度に軽く殴るのはいいのかといった問題でもなく、きちんと言葉で説明する。言葉で説明するだけの能力がないから、手を出してしまうとも言えるのではないかと思う。

組織の人数が多くなっていくほど、全体を団結させるのは難しい。でも、みんなを同じ方向に向かせるための体罰が横行しているのなら、それはもっての他だ。

その一方で、現実的にいまの指導者は大変だとも思う。ちょっと叱っただけで周囲がすぐに騒ぎ出すため、むやみやたらに怒れない。そうなると、子どもたちはつけ上がり、どんどん増長していってしまう。

厳しい時代のときは、「ここで怒られたから、ここらへんでやめよう」という限界点を自分たちで計れていたが、怒られないからどんどん限度が曖昧になっていく。

先生も先生で、怒ったせいで問題になることへの反応が過敏になり、怒ることを躊躇《ちゅうちょ》してしまう。極端な話、無視しておけば何の害もないと考えてしまい、事なかれ主義にもなりかねない。

私の世代くらいから、親が出てきて学校側を相手に裁判をするといった風潮が生まれてきたように思う。いわゆるモンスターペアレンツの走りだ。

ひと昔前は、

「うちの子が悪かったら、好きなだけ殴ってやってください」

と言う親が普通にいて、子どもが殴られたから訴えるといった発想などまったくなかった。

では、殴ったらいいのかといえば、そうではない。

殴る、殴られるといったその一部分だけを見てしまうと確かに〝暴力〟になってしまうが、殴るほうと殴られるほうの関係性をもっと重視するべきではないだろうか。指導において叱るのと、ただ単に感情に任せて殴るのとでは根本的に違う。指導と暴力はまったく別ものだ。

それに、一概に暴力といっても殴る蹴るだけではなく、言葉の暴力もある。ガーッと激しく言えば相手がわかるのかといえばそうではなく、冷静に言ってもわかる者はわかるはずだ。

表現力の大切さ

指導においては、指導力以外にも、相手に何かを伝えるという表現力も磨いていかなきゃいけないとつくづく思う。特に私の場合は、言葉で何かを相手に伝えることを仕事にしているので、表現力の重要さは身に染みて感じている。

みんなの中に備わっている表現力がもっともっと活発に出てくれれば、トラブルなくスムースにいろんなことも伝えられるはずだ。

例えば、こういうアプローチではわからなかったけど、こう表現してみたらわかってくれたということも結構あるのではないだろうか。指導者にとって、表現力は非常に重要なファクターなので、相手にうまく伝えるための表現力を養う講習会のようなものがあってもいいんじゃないかと思う。

ただ、野球の世界は独特の閉鎖性があるため、他の新しい考え方や手段を取り入れたりすることを嫌う傾向がある。でもいまの時代では、もっと他の競技の方とも交流し、まったく違う分野の指導者に講演をしてもらったりすることも積極的に行うべきではないかと思う。

「おー、いまのいい感じだー!」と口にする指導者が結構いるが、「いまのいい感じ」と言われても、何がいい感じなのかおそらくわかっていない選手が大半だと思う。

長嶋茂雄さんの「パンッ! パンッ! パンッ!」といった独特の擬音での指導は、あくまでも超一流同士だからこそ通じる感覚であって、一般の学生や子どもたちには、指導者が「こうなってるから、良かったんだよ」ときちんと理由を説明してあげないと伝わらない。

伝達能力不足を「おお、いまのいいぞ!」といったノリだけで盛り上げてごまかすのは、選手にとってはためにならない。もう少し踏み込んで、わかりやすい言葉で伝えてあげることが大切だと思う。

また、表現力を学生も身に付けることによって、先輩から後輩への指導もすごくいいものになるんじゃないだろうか。

ＰＬ時代によく言われたのは、右ピッチャーの私に対して「左手を使いなさい」。左手をうまく使えと言われても、何のことやら意味がわからない。すると、「ボクシングや空手を見てみろ。右手だけでパンチを打ってるやつがいるか？右手を出せば必ず左手が引き手になっているだろう」という風に、格闘技を引用して説明されたことでようやく理解ができた。

たとえがあるだけで、「なるほど！」とイメージが湧きやすくなる。このときの指導は印象に残っている。指導する側にとって、たとえや引用の仕方はとても大事だと思う。

私にこの指導をしてくださったのが、中村順司監督だった。

中村監督の人間教育と、ＰＬ部訓〝球道即人道〟

中村さんは、１９７６年にＰＬ学園の硬式野球部コーチとなり、80年秋に監督就任。そしてわずか半年後の翌81年春に全国優勝し、全国にその名を知らしめることとなる。82年の春連覇、83年夏優勝を経て、84年春の決勝戦で敗れるまで甲子園20連勝という前人未到の記録を残す。その後も85年夏優勝、87年の春夏連覇を含め甲子園では春夏合計６回優勝。甲子園での勝率・８５３。

優勝回数、勝率ともに歴代最高記録で、監督就任後からすべての年度の卒業生において、最終的に一人以上をプロ入りさせている。

中村監督は誰もが認める名将であり、高校野球界のレジェンドと呼ばれる存在であるが、私にとっては技術面での指導者というより、人間として大切な部分を育てていただいた教育者という側面のほうがすごく大きい。

野球の技術以上に、挨拶などの礼儀作法はもちろん、人としての在り方や生き方、考え方をいろんな場面で教えていただいた。例えば、

「チームが勝つと、一番クローズアップされるのがピッチャーだ」

「おまえはそういう立場にいるんだ」

つまり、ピッチャーというポジションは一番目立つ。だからピッチャーは特別なんだという考え方ではなく、他のナインが「上重だったらクローズアップされても当然だ」と納得するだけのことを、普段から積み重ねていかなければならないという意味だ。

それはもちろん練習量だったりするのだが、私は3年間トイレ掃除も続けた。人が一番嫌がることを率先してやる。それをみんなは見ている。まわりのみんなからの信頼を得るためにも、自らすすんで人の嫌がることをやれという教えだった。

だから、中村さんが監督のときは、ＰＬのピッチャーのほとんどは、グラウンド脇にあるトイレを掃除することが不文律になっていた。

このトイレ掃除に関しては、大学に進んでからも誰に言われるでもなく続けていた。

基本的に、綺麗じゃないところを綺麗にするのは気持ちがいいものだ。練習前にトイレ掃除をやってから練習に入るのは、私にとっては綺麗に心も洗われて練習に臨めるという部分もあった。

「トイレ掃除を任されてラッキー！」という人間は一人もいないと思う。だからこそ、みんなが一番やりたくないトイレ掃除を率先して行う。別にみんなに見せるためにやるわけではないが、「あいつはいつもトイレ掃除をやってるな」というのはまわりも見ているし、それが結果的に、みんなの信頼を勝ち得るための行動にもなる。

中村監督には、とにかく人間として成長させていただいた。

野球の技術指導というよりも、人間教育をしていただいたという側面が非常に大きい。

〝球道即人道〟

これは、ＰＬの野球部の部訓だ。

普段の生活から野球を学び、野球から人生を学ぶ。つまり普段やっていることが野球にも通ずるし、野球でやっていることが普段の生活にも通ずる。いわば両方とも鏡であるという教えだと私は解釈している。

だから、掃除ひとつとってみても、最後の一ヵ所をフッと見逃してしまう者は、試合の最後の大事な局面で詰めが甘かったりする。

あるいは、脱いだスリッパが斜めになっているような者は、肝心な場面でボーンヘッドやエラーをしてみたり……、やっぱり普段の生活はそのまま野球に出てしまう。

〝球道即人道〟は私の好きな言葉だ。

ＰＬでの３年間は、野球を通して人として成長させていただいたし、人の道も勉強させていただいたという思いがとても強い。

第3章

3年春に念願の背番号1

心に響いた桑田真澄さんの言葉

入部して最初の1ヵ月は、お客さん扱いな感じで、まったくの別メニューだった。新1年生は半年間のブランクがあるため、身体を慣らす意味で練習はキャッチボールまでは上級生と一緒にやり、あとは1年生たちだけで軽くノックを受けたりする程度だった。

この1ヵ月でとても印象に残っているのは、草むしりをさせられたことだ。

私も含めた1年生の全員が、

「なんでPLにまで入ってきて、草むしりをしなきゃなんねーんだ」

「俺は草をむしるためにPLに来たんじゃねー、野球をしに来たんだ」

という思いを持っていたはずだ。

そんなときに、当時巨人軍のエースだった桑田真澄さんがグラウンドに来てくださった。甲子園で試合があったため、挨拶がてら中村監督のところへ来た際に、「新しく1年生が入ってきたから、何か言ってあげてくれ」と中村監督が桑田さんに言った。

私は、このときに桑田さんが発した言葉に衝撃を受けた。いま現在でもすごく印象に残っていて、私の考え方や生き方のベースにもなっている。

「1年生のみんな。みんなで草むしりをしてるだろ？　いまどんな気持ちでやってる？　俺は大体わかるよ。『なんで俺が草むしりなんかしなきゃいけないんだ、野球をしたいよ』って思ってるでしょう？」

まさに図星だった。

「それでも草むしりは、結局のところ30分間やらなきゃいけない。じゃあ、どんな気持ちで草むしりをするか、それが大事なんだ。例えば、嫌々やる30分の草むしりも30分。『いま、俺は指先をこうやって鍛えてるんだ』って思いながらやる草むしりも30分。でも、30分の草むしりは絶対にやらなきゃいけない。だったら後者の考え方でやったほうが、君たちのためになる30分になるんじゃないか。草むしりだっていいトレーニングになるんだよ」

この言葉を聞いたとき、私は単純に「すげーな！」と思った。中学を出たての高校1年生に、そんな発想はまったくなかった。

「そうすると今度は、じゃあどうやったら草って簡単に抜けるんだとか、いまこういうエリアを任されているから、どの方向から行ったほうが早くむしれるのか。縦から行ったほうが早くむしれるのか。そういった考えになっていくんだよ」

このような考え方があるのを知ったことが、ＰＬに入って一番最初に受けた衝撃だった。

「うわっ！　草むしりひとつでそんなこと思えるんだ！」

「ていうか、すげえ桑田さん！」

と驚くと同時に感動した。

私は即座に、この考え方を持って草むしりに取り組もうと思った。草むしりの30分を1ヵ月間やるということは、30分×30日＝９００分のトレーニングだと思ってやる30分と、嫌々やる30分とではおのずと大きな差が開く。このように考えてやれば、たかが30分の草むしりだけど、とても意味のある30分になるなと思った。

桑田さんが最初からそういう考えで草むしりをやっていたのか、あるいは嫌々やっていて、どこかでそういう考え方、発想の転換に至ったのかはわからない。だが、おそらく自分が置かれた現在の状況で、どうすることがベストなのかを常に模索しながら行動していたんだと思う。

上から与えられた草むしりのメニューをなくすとか、しなくてすむということはほぼ不可能であり、そんなことに労力を割いても仕方がない。テスト勉強も同じで、テスト勉強をやらずにいい点数を取るのは土台無理なことで、いい点数を取るためにはテスト勉強はやらなきゃいけない。

人は直面した嫌なことや面倒なことに対して、「なくなればいいのになー」とそれ自体を避けようとするものだ。

だから、テストをなくすために学校に「爆破しますよ」と電話をするなどといった突飛な発想が出てくるわけだが、テストは一時的に延期にはなっても絶対になくなりはしない。だったら、やらなくてはいけない状況の中で、どう取り組むかということを考えたほうが得策だし、近道だし、賢明だという考えがいまも私の中ではベースになっている。

ＰＬに入ってすぐ、桑田さんからいただいた言葉は本当に衝撃的で、これをきっかけに私の考え方は大きく変わった。

半年計画の成果は、1年生投手で甲子園

1ヵ月間の草むしりが終わり、ピッチャーはブルペンで立ち投げをやることになった。私以外のみんなは、中3夏にボーイズリーグを引退してからまったく練習をしていなかった。そのせいで肩がなまっていたり、キャッチボールしただけで肩が痛くなったりとかで、ビュンビュン投げている者はほぼ一人もいなかった。

前にも述べたが、私は高校に入るまでの半年間が勝負だと思い、中学3年の9月から計画的にトレーニングを続けてきた。すべてはこの日のために。身体ができあがった100％の状態で、私だけがビュンビュン投げていた。

その日の夜に先輩から、「おまえ、コーチが『今日いいボール投げてたな』みたいなことを話してたぞ」と言われたり、監督がブルペンまで見に来て「あの子、いいな」と言われたりするなど、7人入ったピッチャーの中で6番目の評価だったのが、日に日に評価が変わってきているのを肌で感じる。非常に良いスタートダッシュが切れていた。

ライバルたちはまだエンジンを温めている状態で、ゆっくり行こうかなとしているところに、一人だけエンジンを噴かせてフルスロットルで走っている。六番手スタートからギュイーンと一気にトップに躍り出たような感じで、私だけ元気だったから目立つに決まっている。最高の滑り出しだった。

そうこうしているうちに、「バッターに投げてみるか」とバッティングピッチャーをやらせてもらった。コントロールも良く、それなりに投げられた。

ラッキーだったのは、巨人の名スカウトの伊藤芳明さんが、当時3年生のエース前川勝彦さん（元近鉄バファローズ）目当てで練習を見に来ていた。そのとき私がたまたまバッティングピッチャーとして投げているのを見て、「監督さん、あの子いいね！」と口にしたらしい。そういう運もプラスに作用したんだと思う。

やっぱりピッチャーなので、実際にボールを投げてみないと評価はされない。まず入部して5月の時点で、すぐに投げられる状態にあったことが好評価につながった。他の人が投げていない中で私だけが投げているので、変なピッチングさえしなければさらに評価は自ずと上がっていくという感じだった。

バッティングピッチャーで投げたことが評価され、次に紅白戦でも投げさせてもらうことになり、そこでも抑えた。今度は6月上旬に私学連という1年生大会のようなところで投げ、ここでは勝ち投手になった。

この私学連という大会で初めてユニフォームをもらえるのだが、胸に刻み込まれた〝PL GAKUEN〟のアルファベットを、思わず指でなぞったものだ。そしてユニフォームを着て鏡の前に立ち、

「うわー、PL、PL、PLって書いてあるわ。俺PLのメンバーに入ったんだ!」

何度も何度も鏡にユニフォーム姿を映しては、喜びを噛みしめる。このとき初めてPL学園野球部の一員になったんだと実感する。

そして6月下旬、前年度(95年)夏の甲子園準優勝の星稜との練習試合が行われた。いわゆる夏前の最後の練習試合であり、メンバー選考の最終テストとなる試合でもある。その試合で、私は3回を投げて無失点に抑えた。

大黒柱のエース前川さんはメンバー入り当確で、残りを3年生のもう一人のピッチャーと2年生、そして1年生の私を含めた3人が最終テストの星稜戦で投げた。その結果、メンバーに入ったのが2年生と1年生の私で、もう一人の3年生ピッチャーがメンバーから外れる結果となった。

そして私は、桑田さん以来というPLで夏の1年生ピッチャーとして、背番号11をもらった。ちなみに、私以降にPLで夏の1年生ピッチャーとして背番号をもらったのは、マエケンこと前田健太(現広島カープ)しかいない。

それほどの栄誉だった。

近くて遠い甲子園のマウンド

小中学校では常に二番手の投手だった私は、一番強い高校で背番号1をつけたいという目標を持ってPLに入った。だが、

「憧れの桑田さんみたいに、1年生からエースになる！」

などと大それた考えはまったくなく、

「自分たちの代になったときに背番号1をつける！」

という思いが強くあっただけだ。

あくまでも、ライバルは自分たちの学年のピッチャーだった。

私たちの学年では、7人のピッチャーが入ってきて6番目の評価だと言われていたので、入部した当初は一人ずつ抜いていく気持ちでいた。

中学3年の夏にボーイズを引退し、そこから半年計画で練習してきた成果が、まさかこんなにも早くとんとん拍子にうまく行ったことが、逆に怖くなったほどだ。それでも、中3の夏以降に立てた計画・戦略が見事に当たったという自信も、当然私の中にはあった。

この夏の大会はエース前川さんが大黒柱であり、二番手三番手関係なく、前川さんが大阪府予選8試合とも全試合全イニングを投げて甲子園に出場した。

甲子園でも一回戦の旭川工業を4対0の完封で下し、二回戦の県立岐阜商業戦では序盤の大量得点が効いて11対4のまま最終回を迎えた。その前あたりに、中村監督から「上重行くぞ！」と言われ、私はブルペンで投げていた。

「いよいよ俺も甲子園のマウンドに立てる！」

と胸を躍らせていたら、前川さんが監督に「いや、俺が投げます」と進言した。中村監督にそうやって直訴する人は普通いないのだが、四番でエースで全イニング投げていて、このときのPLはある意味前川さんのチームだった。

前川さんとしては、ここまですべて一人で投げてきているので、1イニングすらもマウンドは譲らず、最後まで投げ切りたいという思いがあったんだと思う。ムラっ気が強いところがあったので、甲子園で監督が伝令を出したときには、「来んな！　帰れ！」と追い返したほどで、中村監督がうまく操縦している感じだった。

結局そのまま前川さんが最後まで投げ、チームは勝ったのだが、私としては「うわー、投げられなかったー」というのが正直な気持ちだった。

そして次の三回戦、広島代表の高陽東に6対7で敗退し、ベスト16止まり。最後までエースで四番の前川さんが全部投げ、私は夏のメンバーには入れていただいたが、甲子園はおろか予選でも一球も投げることはなかった。

甲子園のマウンドは、近くて遠かった。

1年秋、新チームで断たれたセンバツの夢

中村監督から大抜擢され、1年生の夏にメンバー入りして甲子園に行った。高校に入ってわずか4ヵ月で、夢のように駆け上がってきた。

そして甲子園でも、二回戦の最終回に「投げろ」と監督から指名されたが、結局投げられないまま終わった。甲子園のマウンドまであと少し……というところで遮断《しゃだん》された。甲子園のベンチから見えるマウンドは、手を伸ばせばすぐに届きそうな位置にあるのに、とても距離がある場所なんだということを知った。

いま思えば、それがよかったのかもしれない。やっぱり実力をつけて、自力で背番号1をもぎ取って、あそこに上がらなきゃいけないんだというのを思い知らされた。変に一回でもマウンドに上がっていたら、おそらく勘違いしていただろう。

1年生の夏にメンバー入りしたのは、私と背番号16番でメンバーに入った本橋伸一郎の二人。そして3年生が引退し、1年の秋には大西宏明(元近鉄バファローズ)がレギュラーを取った。メンバーの中には1年生が結構いた。

私たちの代は、KKコンビや福留さんみたいなスーパースターがいるチームではなかったが、バランス良く、いい選手が揃っていた。その当時よく言われていたのは1987年春夏

連覇の立浪和義さん（元中日ドラゴンズ）のチームにすごく似ているという評価だった。

でも、3年生がいなくなって1、2年生の新チームになった時点では、私たちの代になったらどうなるんだろうとはあまり考えなかった。新チームのメンバーに何人か私たちの代の選手が入っていたため、そんなに悪いチームにはならないだろうなぁと思う程度で、他の高校の1年生チームと対戦する機会がなかったため比較ができない。

ただ、大阪桐蔭や上宮といった強豪校を見ても、1年生で目立って活躍している選手はそんなにいなかった。だから自分たちの代が最上級生になったとき、それなりにはできるんじゃないかなと何となくは思っていた。

逆に、私たちのひとつ上の代は、有力な選手が集まった代と言われていて本当に強かった。KKコンビの代のような感じで、レギュラー全員がみんなプロに行ってもおかしくないほどの実力者が集まっていた。

ピッチャーの二人とも中学時代から全国的に有名で、140キロの直球を携えてPLに入ってきていた。私が入部したときも、「この二人に勝つのはちょっと無理だな。自分たちの代でエースになれればいい」と思ったほどだ。

二人のピッチャーのうち一人が小林亮寛さん。PL時代は故障で思うように力を発揮できなかったが、それでもその潜在能力の高さを買われて、後に千葉ロッテマリーンズから指名されてプロに進むほどの人だった。

新チームが発足し、私は背番号10でメンバーに入ったものの、正直伸び悩んでいた。後にエース争いをする稲田学が頭角を現してきて、背番号11の濱田大も出てきたりと、私の中に多少の焦りがあったのかもしれない。

大阪府の秋季大会決勝、上宮高校戦。私がリリーフで投げ、点を取られて負けた。センバツの切符を懸けた近畿大会には、大阪2位で出場することとなった。

当時の大阪は、上宮の2年生の代がいいメンバーを揃えていた。我々PLもメンバーが揃ってはいたが、上宮はその前の夏の大会でも2年生主体のチームで戦っていて、今年は上宮が強いと前評判が高かった。

近畿大会の初戦の相手は智辯和歌山だった。ひとつでも勝てば、センバツ行きが内定するという大事な試合だ。翌年の夏に智辯和歌山は全国制覇をするのだが、確かにいいメンバーが揃っていた。

結局、我々は初戦で負け、センバツの夢は断たれた。

2年夏、屈辱のメンバー外

ひと冬を越して春になった。

3月の解禁日、私は練習試合で投げては簡単に打たれたり、自信があったコントロールも、突如ストライクが入らなくなったりするなどスランプに陥っていた。

大きな怪我があったわけではなかったが、少し背中を痛めたため2週間ほどノースロー調整したあたりから一向に調子が戻らない。試合で打たれたり、コントロールが乱れたりというのがずっと続いた。

あとから考えると、プレッシャーがあったんだと思う。

「あいつ、1年の夏からベンチに入っていたんだよ」とか「桑田二世だよ」などと言われてマウンドに上がり、

「桑田二世ってことは、桑田さんと同じように見られているんだから、そういうピッチングをしなきゃいけない」

と、勝手に桑田さんを意識して、自分で自分の首を絞めていた。相手と戦う前に、そういう呪縛とも戦わなきゃいけないようになっていた。

甲子園で1年生から活躍した場合、そのときは難しいことを何も考えずに勢いだけで行ける場合もある。だが、その後ある程度の高い評価をされてマウンドに立つときに、実力が伴っていればいいが、そうでない場合や実力をうまく発揮できない環境に置かれたときに感じるプレッシャーや怖さは、ものすごいものがある。

だから高校3年間、さらにはプロに入ってからも、そういうプレッシャーに打ち克ってきた桑田さんは本当にすごいと思う。

私は、結局そのまま調子が戻ることはなく、夏のメンバーから外れた。

1年の夏にメンバーに入っていたのに、2年の夏はメンバー外となった。大阪府予選は、みんなと一緒にジャージを着て、メガホンを持ってスタンドで応援した。

次の対戦相手の偵察に行き、スコアを書いたりもした。このとき初めてスコアブックを書いた覚えがある。小学校からずっとレギュラーだったので、スコアの書き方なんかわからない。見よう見まねで書いた。

それでもPLの応援に来てくれている両親に、合わせる顔がなかった。辛かった。

この2年夏のメンバー外は、プライドがズタズタに切り裂かれた。

1年の夏に甲子園に行ったのは何だったんだろう……と、常に自問自答していた。だから、本当はいけないことなのだが、スタンドで応援していても「勝たなくてもいいや」という思いが心のどこかにあったのは否めない。

結局、その夏、PLは予選の準決勝で大阪桐蔭に敗れた。

雪辱を誓った2年秋

2年生秋、いよいよ自分たちの代となる。

2年の夏にメンバーから外れたことで、私の中で変なプライドもなくなり、真っ先に何かを変えなきゃいけないと思った。

1年の夏の時点ではちょっとリードしていたが、1年の秋から2年の夏にかけて稲田や濱田が出てきた。2年の秋からは自分たちの代で、さあこれからというときにほぼ横一線のスタート。1年時のアドバンテージなど、とっくになくなっていた。

中学のとき、私は実力的に濱田には負けていた。高校に入ってからは、逆に濱田たちからすれば、「こいつ（上重）に勝たないと背番号1はもらえない」という明確な目標になったんだと思う。ちょうど私が中学の秋からの半年間で思い描いていた光景が、逆になったような感じだ。

だから何かをしなきゃ、何かを変えなきゃと強く思っていた。

まず最初にやったのが、筋トレだ。当時のPLは、筋力をつけるならバットを振ってつけたほうがいいという考えだった。あとは綱登りをして鍛えたり、どちらかというと原始的なやり方が主流だった。筋トレルームはあるにはあるのだが、器具を使ってみんなで一斉にトレーニングするようなことはなかった。

だから、筋トレなんてほとんどやったことはなかったのだが、2年の夏のメンバーから外されてから、すぐに取り組み始めた。プロの選手が、筋トレをして変わったという情報も入ってきていたので、じゃあ筋トレをやってみようかと思ったのがきっかけだ。

夏のメンバーからは外れていて投げ込みもないので、筋トレで一回グチャグチャになってもいいやというある種の開き直りもあった。

走り込みは日頃からしっかりしていたので、下半身はできていたが、上半身はまだちょっと線が細かった。それが、筋トレをやり始めてから上半身がガッチリしてきて、一本芯が通ったような感じになってきた。

その後、秋になって新チームで投げてみると、球のスピード、キレがすごく増していた。日に日にボールが良くなるような感じで、そのとき計ってはいないが、私の中では以前に比べて10キロ近く速くなった感覚だった。

新チームの最初の練習試合の相手は帝京高校だった。帝京には新キャプテンとなる森本稀哲《ひちょり》（現西武ライオンズ）がいた。帝京といえば言わずと知れた全国に名だたる強豪。ある意味、自分の力試しにもなるし、これを抑えたらいいアピールにもなる。濱田が先発で投げて3点くらい取られて降板し、私が4回途中から最後まで投げて無失点に抑えた。

この試合では、スカウトの方がスピードガンを測っていて、私のボールは138キロを計測した。それまで測ってなかったのでわからないが、以前の私はおそらく130キロ程度だったと思う。それが138キロも出た。

そのとき、スカウトの人が、「もしこの子がひとつ前の代で甲子園で投げてたら、ドラフトにかかっていたかもしれないね」と口にしていたという。

前年夏の甲子園準優勝投手で、4球団からドラフト1位指名されてオリックスに進んだ平安高校の川口知哉さんが、143キロでその世代の甲子園最速。138キロはそれなりに近い数字だったし、強豪・帝京打線を抑えたのもあってのことだったのだろう。

念願のPL背番号1

夏が終わってからは、みんな背番号なしで練習試合を行い、秋の大会前に背番号をもらうことになる。

栄光のPL学園背番号1をめぐる熾烈な争いは、帝京を抑えたことによって私の評価がグッと上がり、その後の練習試合でも順調なピッチングを披露することができた。

そして私は、ついに念願の1番をもらうことになった。

憧れ続けたPLのエースナンバー。言葉にできない嬉しさと同時に、PLで背番号1をもらったということは、全国でも10本の指に入るくらいのピッチャーにはなれたかなという思いも込み上げてくる。

1年生の夏にメンバーに入って、秋になって新チームでもメンバーに選ばれた。その頃は伸び悩んではいたが、自分の中では2年生の夏も「1年夏からメンバー入りしてたんだから、上重も一応入れとくか!」というお情けでメンバーに選んでもらえるんじゃないかと甘い期待を抱いていた。

ところが、2年生の夏にスパッとメンバーから外された。これが、自分の意識を変えるきっかけになった。仮に2年生の夏にメンバーに入っていたら、筋トレはしなかっただろう。メンバー外だったからこそ、大胆に意識を変えることができて、いままでやったことのない筋トレに取り組む気になり、体幹も鍛えられて球速も増した。

努力をしたからといって、それが必ず報われるとは限らない。いま振り返ると、努力をしている方法や、向かっている方向性が間違っていなかったのかなと思う。

努力はいっぱいしたからいいというものではなく、努力の正しい仕方、方向性がきちんとしていないと意味を成さないものだ。それは決して自分一人の力ではなく、まわりからの情報や助言が正しい方向に導いてくれた部分と、自分がきちんとした努力の方法を見つけられたというふたつの部分が相まって成果につながったように感じる。

ピッチャーがウエイトトレーニングを行うことに関しては、賛否両論ある。

身体を大きくすることによるデメリットは、しなやかさが失われてしまうこと。私の場合、がっちりした身体のパワーピッチャータイプではなかったので、当初は筋トレによってしなやかなフォームが損なわれるのではという考えだった。

でも、しなやかさにプラスアルファの強さが備われば、もっとしなやかさが生きるのではないかとも考えたし、それより何より現状を打破するためには、まず何か新しいことを始めなきゃという思いが強かった。

いままでやってなかったことをやることによって、新たなものが見えてくる、新たなものが生まれてくることに期待し、見たことがあるやり方を自分なりに工夫しながら筋トレを行っただけだが、結果的には自分に足りなかった部分をうまく埋められたんだと思う。

センバツへの切符を懸けて

エースナンバーである1番は私がもらい、稲田が10番、濱田が11番で、この3人で継投しながらローテーションを担うこととなった。

例えば、私が先発のときは5回まで投げて残りの4回を稲田が投げる。あるいは、稲田が先発のときは行けるところまで行って私が抑えをやったりと、順繰りで3人ローテのような形で投げていた。

ちょうど、立浪さんの代の野村弘樹さん（元横浜ベイスターズ）・橋本清さん（元読売ジャイアンツ）・岩崎充宏さんが三本柱で投げていたのと同じような感じだった。

だから背番号1をもらったとはいえ、私が絶対的なエースではないことを自分でも理解していたので、「なんで俺が先発じゃねえんだ！」などと思ったことは一度もない。

秋の大阪大会では、決勝で阪南大高に負けて大阪2位で近畿大会に出場することとなった。

初戦の相手は智辯和歌山。私の代のセンバツは記念大会だったため、近畿の出場枠は8校に増えていた。近畿大会には16校出場するので、一回勝てばベスト8だ。つまり智辯和歌山に勝てば、センバツ出場はほぼ内定ということになる。

智辯和歌山といえば前年夏の優勝校で、誰もが知っている強豪校でもある。簡単には勝たせてくれないというのは十分にわかっている。それに、昨年の近畿大会の初戦でも当たって負け、センバツ出場を逃した悔しさもある。

逆に言えば、変な油断や気の弛みがなく、智辯和歌山に勝つイコール甲子園出場がセットになっているというわかりやすい図式から、気持ちの部分でもすごくシンプルに思い切って行くことができた。

勝って仮に肘を痛めたとしてもセンバツまで時間があるし、もう智辯和歌山にさえ勝てば甲子園が決まるんだから、次の試合は投げなくてもいい。中3の夏、ＰＬ進学を懸けて本橋と対戦したときと同じように、

「腕がちぎれてもいいから、何が何でも抑えてやる」

という気持ちで投げたのをすごく覚えている。

そういう気持ちになったのには、もうひとつ理由がある。

秋の大阪府予選四回戦で大阪桐蔭と対戦したときのことだ。相手チームの先発としてマウンドに立っていたのは、小学校時代のライバルである怪物・福井強だった。

先発だった私が2点を先に取られ、6回途中でマウンドを降板した。2点ビハインドで迎えた7回表のPLの攻撃は、ツーアウト満塁でショートフライ。万事休すと思った瞬間、大阪桐蔭のショートが、グラウンドの土と外野の芝の切れ目に足を取られて転倒。その間に2点が入って同点。さらにランナーがたまったところで、大西が満塁ホームランを打って一挙この回に6点。結局、試合はそのまま6対2で勝った。

この試合は運命的で、自分の中でも思い出深い試合だ。

小学校時代、怪物だった福井がいたためにつけられなかった背番号1を名門PLでつけ、ようやく福井と対等に勝負ができる。

「絶対に俺は死にもの狂いで抑える」

という思いで試合に臨んでいたのに、2点を先制されて先にマウンドを降りたことが自分の中では悔しく、試合には勝ったけど勝った気がしなかった。

先にマウンドを降りたことで、私は福井との投げ合いに負けたのだ。

3年夏は記念大会で、PLは南大阪、大阪桐蔭は北大阪と分かれるため、夏に福井と当たることは絶対にない。つまり、背番号1をつけた者同士の最初で最後の試合で、私は福井に負けたのだ。

そういう悔しい思いもあって、智辯和歌山戦で先発に指名されたからには、

「絶対に抑えてやる」

「絶対に最後まで投げ切って勝つ」

という気合いが身体中に充満していた。

そうして迎えた智辯和歌山戦は、私が先発して9回まで完投し、6対3で勝利した。私がPLに入って、初めての完投だった。

準決勝は奈良の郡山と戦い、濱田が先発して打たれ、途中から私が投げて抑えたが、逆転することができずに3対5で負けた。結局、郡山は近畿大会でそのまま優勝する。

優勝したチームに負けていると、センバツの選考委員からの印象度は高い。甲子園への切符は完全に確定していたわけではなかったので、近畿大会決勝のときは「郡山頑張れ！」と応援していた。

そして、晴れてセンバツの出場が決まった。

1年夏のときは、先輩たちに甲子園に連れていってもらったというか、正直何もしていないし、わけもわからず甲子園に行ったという感覚しかない。

だが今回のセンバツは、自分たちの代で、自分自身が投げて甲子園への切符をつかみ取った。ちゃんと、自分たちの力で甲子園に行けるんだと思うと嬉しかった。

ある意味これが本当の甲子園であり、1年夏に行った甲子園のときとは全然比べ物にならないほどの喜びを感じていた。

過酷な冬のトレーニング

センバツの出場が確定するのは、年が明けてからの1月末だ。11月の近畿大会が終わると、ほぼ甲子園に行けるという前提で、センバツに向けての準備が始まる。このひと冬の過ごし方が非常に重要で、ＰＬの一番の強さはまさにそこにある。

名物の走り込みを含めた冬の練習は、ＰＬの中では一番きつい練習と言われており、全国の高校で一番冬に走ったのはＰＬだと信じて疑わないほど走り込む。

まずウォーミングアップで、１００メートルダッシュを40本。１００メートルを15秒以内で走り、45秒のインターバルで戻ってきて、また15秒で走るという繰り返しを40回休まずやる。次に２００メートルを10本。これも決められたタイム内で走る。ピッチャー、野手関係なく全員で行い、体育コースであるゴルフ部も一緒にやるのだが、ゴルフ部の生徒たちはほとんど誰もついてこられない。

以上がアップで、今度はボールを使って行う練習に移る。

キャッチボールのあとは、二人一組でトスバッティングを一度も止まらずに15分１セットを３セットずつやる。ずっと中腰で身体を動かしながらやるため、地味だが体力の消耗度が激しい。

他には30秒ダッシュして30秒ジョグ。1分ダッシュして30秒ジョグ。1分半ダッシュして30秒ジョグといった感じで、ダッシュの時間を30秒ずつ小刻みに増やしていくのを順に4分までやる。次は3分半ダッシュして30秒ジョグ。3分ダッシュして30秒ジョグと30秒ずつ減らしていく。このタイム走も、かなりしんどい。

あとは先ほども書いたが、もちろん冬場も練習の締めには〝最終〟と呼ばれるランニングがある。グラウンド5周、3周、1周かを制限タイムを設けて全員が走り、遅れた者がいた場合は、もう一回やり直し。5周の場合は約2キロを全力疾走することになる。

とにかく、冬のランニングの量は半端ではなかった。

それに加えて腹筋・背筋などの基礎トレーニングもあるのだが、これだけ走り込んで徹底的に下半身を鍛えれば、相当足腰がしっかりしたものになる。

特にピッチャーはそうだが、野手も下半身という土台がしっかりすることが大切だ。ピッチングもバッティングも、下がふらふらしていると、上に力が伝わっていかない。建物だって、土台がグラグラしているところにいくら頑丈な上物を建てても、下が揺れたら終わりだ。人間も建物も一緒で、やっぱり土台がしっかりしていないと意味がない。

これだけ練習すると、初日は足がパンパンになって寮の階段の上り下りができない。階段を下りてくるのも、みんなへっぴり腰になってゆっくり下りて行く。ふざけて足を触ったりして、「やめろよ!」といったこともよくあった。

いまはすっかり細くなっているが、私もこの頃は、太ももからお尻まわりにかけての下半身がどっしりしていた。冬練中は、日に日に脚が太くなっていくのが、自分でもわかるほどだった。

そのおかげで、試合で投げていても、下半身が疲れるという感覚を私は一度も味わったことがなかった。

セルフコントロールの大切さ

冬の練習は、

「これだけ辛い練習を続けていたら、俺たちはどのくらい変われるんだろう」

という期待を抱きながら乗り越え、

「俺たちはこんなに走り込んできたし、こんなに辛い練習に耐えてきたんだから、どこにも負けないぞ」

という自信を植えつけてくれた。

ピッチングやバッティング練習はほとんどしない。ひたすらランニングを中心とした練習を終えてひと冬越えたときに、自分がどれだけ伸びてるんだろうという期待と楽しみを餌に、辛く苦しい練習についていったようなものだ。

これは野球以外にも通じることだが、目の前の苦しい練習や困難を避けることはできない。だから、その苦難を乗り越えていくために、自分自身のモチベーションをいかに上げていくかが大事だと思う。

長期的には、この辛い練習を乗り越えたときの成長に期待してモチベーションを保っていたが、一日一日の練習で私がよくやっていたことがある。

私は、牛乳に入れて混ぜるとゼリー状になる〝フルーチェ〟がすごく好きだった。だから、この苦しい練習が終わったら今日はフルーチェを食べていい、といったご褒美を自分に与えることでモチベーションを上げたりしていた。笑われるかもしれないが、全寮制で楽しみがほとんどない上、厳しい冬の練習中に、「フルーチェ！」と思いながらずっと走るのと、何も思わないで走るのとでは、疲れ方が全然違った。

あるいは、セルフプロデュースではないが、自分自身をコントロールするために、こんなやり方も実践していた。例えば、受験勉強のときに、あえて観たいテレビを観る時間を作る。時間を決めて1時間のドラマを観たとすると、観たあとに少し罪悪感も生まれ、普通に勉強するよりも集中できる。

いまある時間を、すべて勉強時間にあてるとすごく苦しくなってしまうが、テレビを観る時間を決めると、「テレビが始まる時間まで頑張ろう」という意欲が生まれ、テレビを観たあとも「テレビを観たんだからもう一回頑張ろう」と新たな意欲も湧いてくる。

時間の過ごし方が、気持ちのコントロール次第で変わってくる。要はメリハリだ。

1時間を捨てることによって、捨てた時間以上の集中力が生まれ、内容の濃い勉強ができて結果的に時間を得している。

こういった時間のセルフプロデュースやコントロールは、ちょっとした工夫で簡単にできることだし、生きていく上ですごく大事なことだと私は思っている。

第4章

怪物・松坂大輔との遭遇

初めて目にした怪物、松坂大輔の衝撃

松坂大輔の存在を知ったのは、2年秋の神宮大会で横浜高校が優勝し、雑誌に載ってからだ。それまではまったく知らなかった。関東遠征に行って試合をしたこともないし、横浜が練習試合に来ているから見に行くということもなかった。

神宮大会後にセンバツに向けた特集号が出て、〝150キロの怪物、松坂大輔〟といった記事があり、そこで初めて松坂大輔という名前を知った。

「横浜にそんなすごいピッチャーがいるんだ」

「でも150キロなんて絶対うそだよ」

という感じで軽く流していた。私の経験上、そういった強烈な見出しは大体において大げさで、実際よりも少しオーバーに書かれていることが多かったからだ。

例えば、その世代のトップと言われている人が、甲子園では一回戦でコロッと負けたり、あるいは大量失点をしたり、意外に大したことない結果に終わっているイメージが私の中にはあった。

また、私がいままでに見てきたすごい人たちは自分より年上だったので、すごくても「俺より年上だし、先輩だし」と、自分の中で言い訳というか割り切りができていた。それが、

同い年の選手を雑誌で賞賛していても「いやいや、そんなにすごくないでしょ。150キロなんて出るわけないじゃん」と正直タカをくくっていた。

初めて松坂を見たのは、センバツ大会前に甲子園で肘の検査をしたときのことだ。

そこで、甲子園練習に入っていく松坂と偶然すれ違った。雑誌等で顔は知っていたので「あ、松坂だ」と思ったが、背丈は私と同じくらいで当時はかなり華奢《きゃしゃ》で細かった。

〝怪物〟と言われるくらいだから、昔の江川卓さん（元読売ジャイアンツ）のような、大きくて他を圧倒するようなイメージを描いていたのだが、「あれ？　普通じゃん。俺と変わんないじゃん」というのが正直な感想だった。

だからこそ、余計にその直後の衝撃も大きかったんだと思う。

肘の検査が終わり、横浜が甲子園練習しているので「ちょっと見て行こうか」と、稲田と二人で見に行くことにした。

いまでもその光景はしっかりと覚えている。

少しワクワクしながら、カンカンカンと足音を鳴らして階段を上って行くと、横浜が練習していた。バックネット裏あたりの通用口から見たマウンドは遠く、松坂の姿は小さかった。「ああ、あれが松坂かぁ」と思いながら、全員がポジションについて試合形式のノックを受けているのを見ていた。

マウンドの松坂が軽く投げ、ノッカーが打つ。その松坂の投球を見て、「あれが150キロ？　全然すごくないじゃん」とのんびり構えていた。

ノッカーの打球はピッチャー前へのバント。松坂は駆け下りて捕球し、セカンドに送球したのだが、その送球に度肝を抜かれた。

目で追えるスピードじゃない。

〝ギュイーーーン〟と唸りを上げて、一瞬でボールはセカンドに到達し、〝バチーン！〟という衝撃音が響く。

いままでに見たこともない軌道だった。

私の目には、カバーに入ったショートが〝ドタドタドタドタ〟と足音をさせながら、やっと間に合って松坂のボールを捕球したように映ったほどで、それは規格外のスピードだった。

私は一瞬、止まった。

人間は、本当に驚いたときは止まってしまうことを、このとき初めて知った。

そして、パッと隣りの稲田を見て、

「見た？」

「見た！」

「すごくない？」

「びっくりした！」

二人で急いで寮に帰り、みんなに「横浜の松坂ってやつ、すげーぞ！」と言うのだが、松坂を見ていないみんなは「またまた～」と本気にしない。「いやいや、ホントにボールがすごいんだって！」と、どんなに力説しても誰も信じてくれなかった。

マウンド上から投げたわけではないが、最初に松坂のボールを見て衝撃を食らったのは、稲田と私の二人だけだった。

後にセンバツで勝ち進み、準決勝で横浜高校と対戦したとき、試合開始前に三塁側のブルペンで松坂がボールを投げていた。その様子を見て、みんなが凍り付いていた。

「ほら！　すごいだろ！　俺たちが言ってた通りだろ！」

「おまえらびっくりした？　びっくりしただろ？」

私は、その試合で先発ではなかったため心に余裕があったせいか、敵チームのピッチャーなのに、まるで自慢するかのように「あいつすごいだろ」と繰り返していた。

いま思うと、すでにその頃から松坂大輔のボールに魅了されていたのかもしれない。

待ち望んだセンバツが開幕

3年春のセンバツは、自分自身が投げて甲子園を勝ち取り、背番号1のエースナンバーも堂々つけて、いよいよ甲子園のマウンドに上がれるという思いだった。

だが、開会式は行進からほとんど記憶がない。初戦の樟南高校戦が大会初日の第一試合だったからだ。

「初球どうしようか……」

そんなことばかり考えていた。

開会式直後の第一試合というのは、気持ちの持っていき方が難しい。あとプレッシャーなのが、PLは甲子園に行ってナンボではなく、甲子園に行ってからがナンボという点だ。一回戦で負けるなんて許されない。特に、大会初日の第一試合で、一番最初に姿を消すなんてことは、PL学園では絶対に許されないことなのだ。

OB訪問でPLに行ったとき、後輩たちに私はいつもこう言う。

「PLは甲子園に行ける学校じゃなくて、行かなきゃいけない学校なんだ。それぐらいの責任を持ってPLのユニフォームを着てほしい。PLの看板を背負うためには、もうひとつ上の覚悟が必要なんだ」

そういう意味では、甲子園に行ってPLが一回戦で負けることなど、決してあってはならないのだ。

野球では、ピッチャーが7割を占めると言われる。先発投手のピッチングいかんによっては負けもあるため、私は開会式どころではなく、試合のことで頭の中は一杯だった。

この試合は、高校3年間の中で一番プレッシャーが強かった試合かもしれない。

秋の近畿大会の一回戦で智辯和歌山とやったときも、甲子園が決まるか決まらないかというプレッシャーの中で、負けられない思いがあったが、センバツの初戦の「負けは絶対に許されない」という異様な緊張感には敵わない。

たしか毎日新聞の社長さんが始球式を行ったのだが、PLは後攻だったので、私はマウンドで帽子を取って立っていた。

「あーすげー、甲子園でよく見る光景だー」

と思いながら、始球式の様子を間近から見ていた。開幕の始球式の真横に立てる投手は、大会を通じて一人しかいない。そういう感慨にふけりながら、貴重な体験に充実感を感じていた。でも、だからといって緊張感が収まっているわけではない。

「ウウウウウウウウウ〜〜〜」

試合開始のサイレンが鳴り、主審が「プレイボール」をコールする。

ますます緊張は高まり、胸の鼓動が鳴り止まない。

そして投じた記念すべき甲子園の第一球。

ボールは左バッターの胸元あたりを通過した。

ボールがずっと手にくっついたまま離れない感覚。最後にやっとボールが手から離れたはいいが、引っかかって大暴投。投げた瞬間、「うわ、(バッターに)当たる!」と思った。ボールが手から離れないなんて、初めての感覚だった。

「これが甲子園の緊張感か! こんなの初めてだ!」

こんなことを言うと怒られるけど、毎日新聞の社長さんが投げるのを私は真横で見ていたが、社長さんと同じようなフォームで投げているんじゃないかと思ったくらい、手と足がバラバラだった。いや、社長さんより私のフォームのほうがチグハグだったかもしれない(笑)。そのくらい身体の使い方がわからなくなっていた。

PLの背番号1番に課せられたノルマ

そんなものすごい緊張感の中で試合は始まったのだが、二球目になんとかストライクを取って、ようやく落ち着く。

どの試合でもそうだが、やはりひとつめのストライクを取るまでは気持ちがふわふわしている。ストライクを取るとちょっと落ち着く。ワンアウトを取るともっと落ち着き、1回が終わるとさらに落ち着く。これは先発、リリーフ関係なくどの試合でも同じだ。

結局、樟南には5対1で勝つことができたのだが、この試合では、他にもピッチャーをやって生まれて初めての経験をした。

9回のマウンドで投球練習をしているときに、ロージンを取って捨てようとすると手から離れない。なんと、親指が攣《つ》っているのだ。攣った部分を伸ばして、マッサージして、なんとか投げて抑えることができた。

実はこのあと、3年夏の初戦でも、同じく9回のマウンドで親指が攣っている。やはり春も夏も甲子園の初戦ということで、独特の緊張感があったんだと思う。絶対に初戦だけは負けられないという気負いから、無意識の中で余計なところに力が入りすぎていたのだろう。そして最終回まできたことで、ちょっと勝ちが見えてホッとしたところで指が攣ってしまったんだと思う。

だが不思議なことに、指が攣ったあとの9回が一番ボールが走っていた。どこにも余計な力が入らないから、下半身とかどこか違うところでカバーしようと投げたのが良かったのかもしれない。

「力を入れる」のは一番簡単なのだが、「力を抜く」のはすごく難しい。

よく指導者が「力を抜きなさい」とアドバイスをするのだが、頭ではわかっていてもなかなかできない。怪我の功名で一番いいボールが行っていたことで、「力を抜く」ことが、いかに大切なのかを改めて感じた。

春夏ともに初戦、しかも9回の投球練習中に起きたことで、後にも先にもこの2試合以外で指を攣ったことはない。

とにかく、PLの重圧は、なかなか言葉では言い表せない。

特にピッチャーは、まわりからPLのエースとして見られる。歴代のエースたちが背負ってきた番号だから、自分が不甲斐ないピッチングはできない。

すごくなきゃいけないという思い、ＰＬのエースの名に恥じないピッチングをしなきゃいけないという思いが非常に強かった。

ＰＬのエースが一回戦で負けるのは許されないのもそうだし、それこそ3失点以上はダメだというのも自分の中にはあった。

それが、ＰＬの背番号1番に課せられたノルマだと思っていた。

強力打線を初の完封で下す

人それぞれだと思うが、私にとって甲子園に出たと一番思える瞬間は、試合前の「八番、ピッチャー上重くん」というアナウンスだ。あの甲子園独特の響きで自分の名前が読み上げられて、「あぁいま俺、甲子園に出てるんだ！」とゾクゾクした記憶がある。

1年生の夏にも甲子園には行ったが、名前を呼ばれることはなかったから余計にそう感じるのかもしれない。

スターティングメンバーの発表のときは、大体ブルペンでピッチング練習をしており、アナウンスが始まるとちょっと手を休めて、「上重くん〜」という独特の響きを聴く。「あぁ俺、いま甲子園に来てるー！」と感じさせるあの瞬間がたまらない。

いま振り返ると、やはり幼少の頃から、アナウンスに対する無意識の憧れみたいなものがあったのだろうか……。

二回戦の創価戦も私が先発で、アナウンスの心地良い響きを噛みしめた。そして最終回まで投げて9対0で完封。実は高校に入ってから、練習試合も含めて初めての完封試合だった。

この完封は、私にとってPLの1番をつける資格をやっと得たと感じた試合でもあった。PLのエースの名に相応《ふさわ》しいピッチングができたと思ったし、背番号1の錚々《そうそう》たる先輩たちの仲間入りがちょっとだけできたのかなという思いもあり、すごい自信につながった。

やはり完封は、ピッチャーとしてひとつの勲章だ。練習試合でもできなかったのに、甲子園という大舞台で初完封できたのが大きい。

樟南との一回戦も1失点ではあったが、先頭バッターを6回も出塁させたり、不安が残る消化不良の内容で、中村監督からも「ピリッとせんなぁ」と言われていた。私自身も納得がいかず、格好悪いなぁと思っていた。

そして迎えた二回戦の創価は、センバツまでのチーム打率が5割から6割で、平均二桁得点の超強力打線。新聞やテレビの前評判を見ても、「ポイントはPL上重の出来VS創価の強力打線だが、上重には分《ぶ》が悪い」と言われていて、「おいおい、俺もそう思うぜ」と思っていた（笑）。

私は、まだ見ぬ相手の打線に試合前から超ビビッていたので、野手たちには「頼むから早めに点を取ってくれよ。たぶん乱打戦になるから」とお願いしていたほどだった。

また、普通センバツは夏よりも観客が少ないものだが、この試合は「PL教VS創価学会の宗教戦争だ」というマスコミの煽《あお》りもあってか、4万人ものお客さんが入り、大観衆がスタンドに詰め掛けていた。

そんな中で試合が始まったので、私は1回2回あたりは恐る恐る投げていた。創価の三番には小谷野栄一（現オリックスバファローズ）もいた。中学時代は松坂とチームメイトでもあった小谷野を、私は三打席抑えることができたが、非常にいいバッターだった。

そういう様々な状況が重なった上での納得のいく完封勝利だっただけに、余計に嬉しく、達成感も全然違っていた。

私は記憶にないのだが、この創価戦が終わってからのコメントで、「次は完全試合を目標にします」と大きなことを口にしたようだ。

たしか、センバツが始まったあたりに、中村監督にこんなことを言われた。

「桑田は初回にマウンドに上がるときは、完全試合を目標にする。フォアボールが出たらノーヒットノーランを目指す。ヒットが1本出たら完封を目指す。そういう考え方で投げていた」

この言葉が頭に残っていて、そういうコメントをしたのかもしれない。

でも、まさか〝完全試合〟が、数年後の神宮球場で現実のものになろうとは……。

いずれにせよ、この二回戦の創価戦の完封劇は大きな自信となり、私もチームも乗ってきたのは間違いない。

逆転のＰＬ

三回戦の相手は敦賀気比。ピッチャーで一番バッター、キャプテンをしていたのが、東出輝裕（現広島カープ）。また四番に座っていたのは、先日行われた２０１５年センバツで初優勝した敦賀気比の監督、東哲平だった。

この試合でＰＬは稲田が先発して好投した。私はリリーフで登板。最後のバッターの東出を三振に取り、３対１で勝利した。

この試合で記憶に残っているのは、東出のピッチングのうまさだ。

私はこの試合で初めて東出を見たのだが、ＰＬのバッターはみな「最後のストレートがものすごく速く見える」と言って、打ちあぐねていた。

その謎は、試合が終わって、録画をテレビで観て解けた。東出の初球の１ストライク目のストレートは１３０キロ。２ストライク目が１３４キロくらいで、最後の３ストライク目が１３８キロと徐々にスピードを上げている。

それまで、私にはそういう概念がなく、最初からいいボールを投げたがる傾向が強かった。録画を観て、東出は一球目より二球目、二球目より三球目のほうがいいボールを放っていたから、うちのバッターが手こずっていたんだということを知った。

こういうピッチングをすれば、相手を打ち取ることができるんだと気付かされた。

そして準々決勝の明徳戦を迎える。エースで四番、キャプテンが寺本四郎（元千葉ロッテマリーンズ）だった。

明徳に対しては、ＰＬに似てるなという印象があった。甲子園に出ても一回戦では負けない。試合巧者できっちり実力も発揮してくるし、勝ち方も知っている。

全然カラーの違うチームだと、噛み合わなかったら結構大差がつく。だが似たチームだと接戦になる。だから、「戦いづらいな」というよりは「嫌なチームだな」という意識が強かった。やっぱり似たチーム同士だと、ひとつミスをしたほうが負けみたいなところがあるからだ。

その予感通り、この試合は緊迫した接戦となった。

そして、〝逆転のＰＬ〟という代名詞に相応しい試合でもあった。

私が９回にホームランを打たれて１点を勝ち越しされたが、その裏に追いついて延長10回にサヨナラ勝ち。いったんリードされて追いつく展開は、甲子園４試合目にして初めてのことだった。しかも二度のリードを許して追いつき、逆転サヨナラでの勝利。

偉大な先輩たちがやってきたことを、自分たちも甲子園で成し得たということで、大きな自信となった。

私たちのチームは、センバツで強くなったとよく言われるが、その通りだと思う。一戦一戦いろんなことを経験しながら強くなっていった。樟南、創価、敦賀気比、明徳という名前のあるチームを倒していったこともすごく大きい。

センバツの経験が夏につながったとも言われている。確かにそれは間違いではないと思うが、実は私たちは最初からセンバツでの優勝を意識していた。というのも、センバツを最後に中村監督の勇退が決まっており、センバツで優勝するとちょうど甲子園通算60勝となり、〝60勝〟を合言葉にチームが一丸となっていたのだ。

そのためには、目の前の敵をひとつひとつ倒していくしかない。

だが、優勝を現実的なものとして本当に意識したのは、横浜との対戦が決まってからだ。ここに勝てば、優勝が見えてくる。やはり松坂大輔を倒さないと優勝は見えてこないという思いはどこかにあった。

センバツは70回の記念大会で、初戦の樟南はPL甲子園通算100試合目でもあり、優勝すれば監督通算60勝。夏の甲子園も80回の記念大会。

怪物・松坂大輔を含めて、私たちは何かメモリアルなものにまつわる星の下に生まれた世代、という言い方もできるかもしれない。

甲子園の魔物の正体

〝甲子園の魔物〟という言葉をよく聞く。

では、甲子園の魔物って何なのか？

私は、魔物の正体は観客が醸《かも》し出す雰囲気だと思っている。

センバツのPL対明徳戦は、1対1のまま迎えた9回表、明徳に勝ち越しホームランを打たれて1対2になった。そして9回の裏、PLの攻撃を残すのみとなったときに、「ここで負けてほしくない！」といった雰囲気が、PLサイドだけではなく球場全体から出ている気がした。

それは、相手チームにとってはかなり嫌な感じだと思う。私たちPLと戦うのはもちろん、球場が作り出した雰囲気とも戦わなければならないため、敵がひとつではない。

これは何もPLに限った話ではなく、2009年夏の甲子園決勝、中京大中京VS日本文理の試合なんかもそうだ。10対4と中京が6点リードで迎えた最終回、ツーアウトランナーなしの状況から、日本文理が奇跡的な追い上げを見せて5点を奪い、あと1点差にまで詰め寄った。結局紙一重の差で中京の優勝となったが、「このまま試合が終わってほしくない」という球場全体の雰囲気が魔物となり、信じられないようなドラマを生むのだ。

ＰＬの場合は、この魔物に加えて〝逆転のＰＬ〟という代名詞がある。このフレーズの影響力は強く、対戦相手もすごく意識するだろうし、我々自身もそうだった。

明徳戦で9回表にホームランを打たれて1対2とリードされ、ベンチに戻ったときに中村監督が言った。

「よーし！　先輩たちはここから逆転してきたんだ。逆転のＰＬ、おまえたちも知ってるだろう。おまえたちもやってみればいいじゃないか！」

それを聞くと、「よーし！　ここからだ」といった気持ちになり、1点負けている雰囲気なんてもうまったくない。〝逆転のＰＬ〟という言葉の強さ。このフレーズはお守りでもあり、魔法の言葉でもある。

「俺らも逆転できるんじゃないか。このＰＬのユニフォームを先輩たちは着ていて、同じユニフォームを俺たちも着てるし！」

さらに〝甲子園の魔物〟も出てきて、我々を後押ししてくれる。そこから〝逆転のＰＬ〟が生まれてきたのではないかと思っている。

これが、1対1の同点の8回裏に〝逆転のＰＬ〟と言われてもピンとこない気がする。リードされて、〝逆転のＰＬ〟という言葉を聞いたときに初めてスッと耳に入り、一気にその言葉が魔法の言葉に変わってエネルギーになるのだ。

中村監督は言葉の選択と、その言葉を発するタイミングが絶妙にうまい。さすがは歴戦の名将だ。負けているのにＰＬが試合を制圧しているようだった。もしかしたら、明徳も1点リードしてからのほうが苦しかったのかもしれない。

ＰＬの強さの秘密

ＰＬの強さの秘密のひとつに、中村監督から過去の話で出てくる選手の名前がすごいことも挙げられる。

「桑田はこうやってたんだぞ」

「清原はここまで飛ばしたんだぞ」

そんな風に言われたら、高校生は単純に、「うわー、俺もそうしよう」となる。どれだけためになる良いことを言われようが、過去の名選手の名前と具体例を出すことに勝るものはない。これが何より一番効果的だ。

「清原が2年のセンバツ準決勝で、伊野商業の渡辺智男（元西武ライオンズ）に4連続三振を食らって負けた。その日の夜中、寮の横を通ったら室内練習場の電気がついていて、まだ3月の寒い中、上半身裸で身体から湯気を出しながらバットを振っている選手がいた。誰かと思ったら清原で、マシンに向かってずっと打っていた。渡辺智男のストレートが打てなくて、よほど悔しかったんだろう」

それを聞いた部員たちは、みんな上半身裸でバットを振る。それで私に向かって、

「おい、聡、煙出てる？」

と聞いてくる。

「いやいや、煙じゃなくて湯気だし、上半身裸で打つことだけをクローズアップするなよ」

と思うのだが、高校生なんてそんな単純なものだし、それがパワーになるのも事実だ。

「桑田はね、こうやってずっと走ってたんだよ」

と言われれば、いくらしんどかろうが走る。それが積み重なって伝統が築き上げられる。

また、PLのOBは、プロに行って活躍する選手が多いのも大きな特徴のひとつだ。

例えばPLでは、バッティング練習で竹バットを使って打ったりする。竹バットは芯で捉えないと飛ばないし、芯を外したときの手の衝撃は半端ではない。だから、プロに行ってもすぐに木製に対応できる。

とにかくPLは、甲子園だけではなくその上も見据え、型にハメすぎない指導をしてくれる。よく監督が言っていたのは、

「俺は、おまえのいいときはこうなってるけど、今日はこうなってるぞというポイントポイントだけしか言わない」

フォームなどを、一から根本的に変えることはほとんどない。各選手の個性や特性に合わせた指導方針で、絶対に普遍の基本的な技術だけを教えてくれる。要は、幹の部分をしっか

り教えてくれて、枝葉の部分は自分たちのやり方でやれ、という考えだ。

樹が真っ直ぐ上に育つためには、幹がしっかりしていないといけない。だから、その大事な部分は教えるが、枝葉を成長させていくのは自分たちの能力だという考えが根本にある。確かに寮生活は厳しい。だがその一方で、他の学校よりも自分たちで考えて行う枝葉の作業の時間が多い。野球の練習では、すべてにおいて自主性を重んじられる指導だった。

もうひとつ、ＰＬの強さの基本として守備力も挙げられる。

伝統的にＰＬはエラーが少ない。エラーが少ないと失点は最小限に抑えられるし、最終的にチームの勝ちにもつながる。バッティングで10割は不可能だが、守備は10割が可能だ。

そしてこの守備力を鍛えてくれたのが河野有道コーチだった。

河野コーチのノックの技術はすごく高い。右でも左でも打てるし、回転もかけられる。ベースに一個ずつ当てることができるほどのスキルを持っていた。このノックの技術があったからこそ、強く正確な打球で球際の守備が磨かれていった。

私がＰＬに入った1年生のとき、河野コーチのノックを3年間受け続けたら、絶対に守備がうまくなるなと思った。

実際に、同級生で守備が下手だなぁと思う選手が何人もいたが、3年生になったときには、その選手たちの守備に助けられたというのが数え切れないほどある。

〝横浜〟と書いて〝松坂〟と読む

甲子園の期間中は、毎日のように新聞、テレビをチェックしていた。

他校の戦力分析ではなく、自分がマスコミに取り上げられているかどうかを見るためだ（笑）。自分がマスコミに登場しているのは単純に嬉しい。甲子園で戦う緊張感や恐怖感よりも、自分の名前が出ているというミーハー的な意識のほうが上回っていた。

それはある意味、甲子園のご褒美だと思っていた。

ＰＬ野球部の生活を象徴するものは寮生活で、日々の暮らしも食事も何かと厳しい。しかし甲子園に出場すると、期間中はホテルで宿泊。寮より断然ホテルのほうが楽だし、当然食事も美味いし、外出もできる。こんな天国みたいな生活はない。

他の高校の話を聞くと、普段家から通学している選手は、実家から離れてのホテル住まいだと、ストレスやプレッシャーで満足に食事も取れなくて、体重が減ったりするなどコンディション作りに苦労する場合も多いという。

だがＰＬの選手は、ご飯は美味いは、外にも出られるは、ウハウハ状態で体重も増える。また宿泊先がミナミの繁華街にあるため、〝ＰＬ学園〟と記されたＴシャツを着て心斎橋あたりを歩くと、あちこちから「ＰＬや！　ＰＬ！　ＰＬ！」と声が掛かる。それがたまらなく嬉しくて、ＰＬのＴシャツ姿で意味もなく散歩していたものだ（笑）。

普段の練習であれほど走り込み、予選では「甲子園に出なきゃいけない学校だ」というプレッシャーとも戦いながら勝ち上がり甲子園出場を果たした、そのご褒美みたいな感覚だった。もちろん甲子園に来てからも、一回戦で負けることは許されないというプレッシャーはあるが、予選より甲子園に出てからのほうが気持ち的には楽だった。

あんなに辛い練習をしてきて、あんなに厳しい寮生活を送って、予選ではあんな苦しみを味わって、やっとの思いで甲子園に出場したのだ。そして一回戦も勝って最低限の面目は保ったんだから、あとはプレッシャーから少し解放され、もう楽しまなきゃ損でしょという気持ちに切り替わる。

大会のほうがプレッシャーが少ない分、他の高校と比べて普段通りの野球ができる。甲子園では、いかに普段通りの野球ができるかが大事だ。

だからＰＬが強いという一面はあると思う。

過去に何度も優勝しているＰＬのユニフォームを纏《まと》うと、伝統や歴史の重みで身が引き締まるが、相手はＰＬの名前に勝手にビビってくれる。試合をしていても、自分たちが相手を見下ろすのではなく、相手が下から見上げているなというのをすごく感じた。

ただ、横浜だけは違った。

なんだろう……。横浜高校の過去の優勝といわれても、正直ピンとこない部分もあったし、

〝横浜〟の名に重みは特に感じなかった。横浜というより、やっぱり松坂大輔の存在が大きかった。

〝横浜〟と書いて〝松坂〟と読む。

そのくらい、松坂大輔には圧倒的な存在感があった。

消える高速スライダー

そして迎えた準決勝、横浜戦。怪物・松坂大輔との初対決。

試合前に三塁側のブルペンで投げていた松坂のボールは、やはりすごかった。本当に良いピッチャーのボールというのは、遠目から見ても凄まじい。

ボールがミットに到達するまでの時間だったり、球の軌道だったりが、明らかにいままで自分たちが目にしたことのないものだったので、PLベンチは圧倒されていた。みんな単純に「すっげーなー」とびっくりしていた。

そんな中で試合が始まったわけだが、PLの各バッターが松坂の前に凡退してくる姿も、いままでに見たことがないものだった。誰も「打てねー」といった言葉を発するわけではない。普通は打ち取られても、「クソ！　打ち損じた！」とか「次の打席はいけるぞ！」とか手応えを感じていたり、あるいは「あれ、すげーぞ！」と戻ってきたり、何らかの言葉を発するものだ。

だが、松坂のボールをバッターボックスで間近に見て、みな言葉を失っている。茫然自失というか意気消沈というか、完全に制圧されていた。帰ってくる表情や仕草や雰囲気、その姿が松坂のピッチングに支配されているように見えた。

松坂のストレートはもちろんだが、スライダーのキレも凄まじかった。

そのスライダーを初めて見たチームメイトの身体の反応が、明らかに戸惑っている感じで対応しきれていない。

私は春は打席に立っていない。夏に初めて打席で松坂のスライダーを見たのだが、たしか初球がスライダーで、バットを振りにいったら途中でボールがいなくなった。そんなのは初めての感覚だった。

変化球に対しては、ボールが曲がってくる軌道を予想してバットを合わせていく。通常ならバットを出していったその付近にボールがくるものだが、そこにいるはずのボールがいなくなるため、振っている最中に、

「あれ？　俺なんで振りにいって、いまどこに向かって振ってるんだろう？？？」

という感覚に陥る。

曲がる角度や落ちる度合いが、自分の経験則や予想をはるかに超えているので、途中でボールが視界から消えるのだ。ドロンと曲がるのではなく、高速でキュキュッと曲がるから目

がついていかないんだと思う。

　松坂は右バッターだけではなく、左バッターのときにもインコースのスライダーをよく使うのだが、左バッターの田中一徳（元ＤｅＮＡベイスターズ）がこう驚いていた。

「曲がってきても自分の身体には絶対当たらないと思うから振りにいったのに、自分の身体に当たった。あんなスライダーはいままで見たことがない」

　人間は、曲がってくるボールが身体に当たると思ったら反射的に避ける。でも松坂の場合は、当たらないと思って振りにいったスライダーを空振りしてデッドボールになる。

　春と夏では若干フォームが変わっており、春はちょっとスリークオーター気味だった。センバツのときのスライダーは、横に滑る度合いが大きく水平に近い曲がり方をしていた。私が打席に立った夏は、ちょっとひねって上から投げるようになっていたため、縦にヒュッと落ちる感じのスライダーだった。

　春に一度見て、夏は免疫ができていたからかもしれないが、春に見た松坂のボールは、まさしく異次元だった。

見たこともない軌道

　では、松坂大輔のボールはどこがすごいのか？

ストレートに関しては、普通は剛速球投手といえば、身体がゴツくて剛球を繰り出すイメージが見た目からしてあるものだ。だが、松坂は剛速球投手っぽくないのに150キロを投げるところにすごさを感じる。ちなみに同じくらいの身長の私は、このセンバツで初めて140キロが出て嬉しかった思い出がある。

センバツのときの松坂はスリークオーター気味だったので、上から角度のあるボールが来るのではなく、どちらかというと水平にストレートが来る。リリースの位置が低いので、そこから低めに投げようとすると、普通はワンバウンドになるはずの軌道のボールがズドンと伸びてくる。低めのストレートが伸びる、速いというのは、やはりすごい。

ベンチから見ていた私は、横浜のキャッチャー小山良男（現中日ドラゴンズブルペン捕手）が、ミットをピッチャー方向に向けて構えるのではなく、ミットの捕球面を地面に向けて構えているものだとしばらくの間ずっと思っていた。

伏せて構えているキャッチャーミットに、低めのストレートがグワン！　と浮き上がってきて吸い込まれているように見えたのだ。私はベンチスタートだったので、気持ちに若干の余裕もあり、

「ああ、こういう異次元の世界もあるんだー」

と、その見たこともない軌道のストレートに惚れ惚れするような気持ちでいた。

上に抜ける速いボールを投げられても、意外にすごいとは思わない。そんな高い球を試合

では打たないし、高めは目に近いのでボールを追える。でも、低めは目で追えないし、地面に本当につくと思ったボールが伸びてきて、ミットに収まるのを見たのは初めてだった。

私の人生の中で、ボールを見て衝撃を受けたのは二回しかない。

一回はセンバツのときの松坂のボール。そしてもう一回はアナウンサーになって2年目、初めて巨人のキャンプに行ったときの上原浩治さん（現ボストン・レッドソックス）のボールだ。

まだキャンプ前半なので、ブルペンの立ち投げだったのだが、質がちょっと違う。こんなに軽くヒュッと投げてバチーーン！　とボールが行く人が世の中にいるんだと驚いた。

「俺、野球を辞めてアナウンサーを選択したの間違ってなかったー」

と瞬間的に思ったものだ（笑）。

少し話は逸れるが、同じく松坂世代の杉内俊哉（現読売ジャイアンツ）がよく言うことがある。

「100キロ以内のボールを投げるキャッチボールのフォームで、140キロのボールが来たときって一番バッターが打ちづらい」

杉内は力感がゼロのところから急に100にする意識で、現在のフォームができたらしいが、初めてこの話を聞いたときに「あのときの上原さんだ！」と思った。100キロくらいのフォームで、140キロのボールを投げられるのは、自分の中では想像がつかない。

「いまから140キロ投げますよ」というフォームから来る140キロは、心の準備ができるが、「100キロくらいのボールなんだろうな」というフォームから来た140キロに対する驚きは、半端ではない。それは、ピッチャーの理想だと思う。

溢れ出た涙

センバツ準決勝。結果を先に言うと、我々は松坂大輔が率いる横浜に2対3で負けた。7回まで2対0で勝っていて、結果も2対3の1点差だったため、試合が終わって多くの人から「惜しかったね」と言われた。

だが、私の中ではわずか1点差の紙一重の負けではなく、完全に力負けだった。

これは何も私に限った話ではなく、他のみんなも口には出さないだけで、誰一人として「惜しかった」などとは思っていなかったはずだ。私は、この相手にはいまもう一回やっても負けると感じたほどだった。

この試合は稲田が先発していたのだが、PL2点リードの8回表、走者がたまったところで私がリリーフに上がった。

横浜の攻撃は1死二、三塁でバッター松坂。松坂の打球は三塁線のきわどいサードゴロで、それがフェアになってサード古畑が捕って本塁へ送球。これがランナーの背中に当たり、ボールが転々とする間に二者が生還し、2対2の同点となる。

9回表は、無死一塁から捕手のけん制悪送球もありランナーは二塁へ進塁。バント内野安打でランナー一、三塁。次打者に対して私が外したボールを、飛びついてスクイズを決められてこれが決勝点となり、そのまま試合は2対3で終わった。

この経過だけを見ると、ちょっとしたミスや不運、展開のアヤによる僅差の敗北ということになるのだろうが、私たち当事者の感覚はまったく違うものだった。

6回表まで0対0とゲームは拮抗。だが、横浜に常にゲームを支配されている感覚にベンチが覆われている。そして6回裏には古畑の2点タイムリーで先制し、7回が終わってもPLが2点リードしているのに、リードすることがこんなにしんどいと思ったのは初めての経験だった。

「俺たち、明らかに気持ちの面では負けてるのに、リードしちゃったよ」

「このまま勝ってもいいんだろうか……」

という不思議な感覚で、リードしているのにリードした気になれない。リードしたからこそ余計に怖くなり、「(横浜が)来るぞー、来るぞー、迫って来るぞー」と心理的に圧迫されている感じで、リードしてからのほうが本当にしんどかった。

自分が8回途中からリリーフに行ったときも、「違う違う、違う違う違う、俺ら勝ってるのに、なんでこんなことになってるんだ!?」と思いながらも、一方で試合の流れというか、空間というか、時間というか、すべてにおいて風向きが横浜に行っているのをマウンド上で感じる。

「このまま投げていったら、逆転されて負けるだろうな」

と試合の流れが手に取るようにわかる。

こんな感覚に陥ったのも、野球をやってから初めてのことだった。

結局、私たちPLは横浜と松坂大輔に試合を制圧され続け、知らない間に点を取られて、知らない間に負けていた。完膚なきまでにやられた一戦だった。

横浜に敗れたことで、最後の試合となってしまった中村監督を囲んでみんなで胴上げをした。このあと迎える夏では泣かなかったが、このときばかりは涙が止まらなかった。

胴上げをしているときに、

「自分が3点取られて負けた。勝ってたら監督は60勝にいけたのに……。自分さえちゃんと投げてれば、優勝も見えていた……」

自分の責任だ……という思いがすごく強かった。

センバツで決勝に残った関大一には、エースに久保康友（現DeNAベイスターズ）がいたが、実際に私たちは秋の練習試合で勝ち、大阪予選の準決勝でも戦って勝っている。そういうこともあって、横浜に勝ってさえいれば優勝できたという思いは、その後もしばらく消えなかった。

中村監督からは、最後にこんな言葉をいただいた。

「この春、おまえは成長できただろう。でも、本物になるのはここからが大事なんだ。全国には、まだまだすごいピッチャーがいるんだからな……」

おまえもわかっただろうという意味だったと思うが、私の視線の先にいたのも、もちろん松坂大輔だった。

松坂大輔というベルリンの壁

私たちの代のチームは、歴代のチームと比べるとスター選手がいるわけでもなく、どちらかというと小粒で、チームのまとまりがいいのが特徴だった。

実際、秋は大阪大会2位だし、近畿大会もベスト8で負けている。だが、センバツの初戦で樟南、次に創価、敦賀気比、明徳、横浜と全国有数の強豪校と対戦していく中で、強くなったと言われている。

自分たちの感覚としても、春を経験して自信がついたのは間違いない。だが一方で、戦っている最中にもうひとつ自信が持てなかった部分があったのも事実だ。

例えば横浜戦で、2年生の松本勉に対してツーナッシングに追い込んでからフォアボールを出すようなピッチングをしているが、本当に自信があればドーンといくことができた。

でも、そのときは「打たれるんじゃないか」とか「何か仕掛けてくるんじゃないか」といった雰囲気を感じてしまった。そこで悪いほうに考えてしまうのは自信がないからで、4つもボールを続けてフォアボールでランナーを出すことになってしまった。

自分のレベルを1ランク上げなければ、松坂大輔のいる横浜には勝てない。

〝打倒横浜〟〝打倒松坂〟という明確な課題を与えられたことで、監督やコーチに言われるまでもなく、やるべきことは自分たちでわかっていた。だから勇退した中村監督に代わって新監督に就任した河野有道さんも、「もうやることはわかってるよな。だからおまえたちに任せる」というスタンスだった。

おそらく、「俺が細かいことを言わなくても、こいつらはわかってる。逆にいちいち指示を出すことによって、選手たちの気持ちを削いでしまう」という考えがあったんだと思う。河野監督から「あれやれ、これやれ」とか、「松坂を打つためにみんなで研究しよう！」とかは一切なかった。

私は夏までの3ヵ月間、ものすごく走った。

まず、甲子園から帰ってきてからの1週間のメニューはランニングのみ。ずっと甲子園で投げていたのもあって、肩のクールダウンも含めてノースローで1週間とにかく走り込ませると言われたが、「えー!?」などとはまったく思わなかった。

本当に1週間、とにかく鬼のように走りまくった。

松坂や横浜に勝つためには、もう1ランク上に上がるためには、絶対にそれが必要だと自然に思えた。敗北が、すっと受け入れられる体勢にしてくれた。

だから、この3ヵ月間はめっちゃ走りに走った。

目の前に明確な壁が出現すると、前に進むためには壁を登ろうともがくしかない。壁を乗り越えるために、上に上がろうともがく作業は本当に大事だと思う。逆に言えば、そこに壁がなく、壁を感じることがないと、もがくことすらできない。

〝経営の神様〟と呼ばれた松下幸之助さんの名言に、こんなものがある。

「何としても二階に上がりたい、どうしても二階に上がろう。この熱意がハシゴを思いつかせ、階段を作りあげる。上がっても上がらなくてもと考えている人の頭からは、ハシゴは生まれない」

私たちの心境は、まさしくこれだった。

我々の前に現れた〝横浜、松坂大輔〟という壁は、ものすごい壁。ベルリンの壁のようなものだ。松坂が巨大な壁として立ちはだかってくれたおかげで、私たちPLのメンバーや、センバツで横浜と対戦した他の高校の選手たちは、みんなもがく作業ができた。

だから、春に横浜・松坂大輔と戦った5校中4校もの高校が、夏も甲子園に戻ってくることができたのだ。

明確な壁を感じて明確にもがけるチームと、「春は予選で負けたから、夏は甲子園に出たいなー」くらいに思っているチームとでは、えらい違いが生まれる。
松坂大輔と対戦した高校が、夏にもう一度出てくるというのはすごくわかる気がする。

打倒横浜、打倒松坂

センバツ以降、〝打倒横浜〟〝打倒松坂〟というのは、PLのメンバーの中では暗黙の了解だった。会話の主語は、みんな松坂とか横浜になっていた。

練習中のフリーバッティングで、野手が後ろで待ってタイミングを合わせているときには、常に松坂の主語で始まる会話がいつも聞こえてくる。「松坂って、こうだよね。だからバッティングのときも、こういう意識でやったほうがいいよね」とか、練習試合では「こんなピッチャー打てなかったら、横浜に勝てないよ」といった感じで、基準がすべて松坂・横浜だった。みんな思いはひとつだった。

私はというと、ブルペンなどのバッターが立たないピッチング練習では、横浜のバッターを想定しながら投げていた。「横浜の1番はあいつだな、2番はあいつだな」「じゃあランナーが出ている場合はこう投げよう」と、具体的にイメージトレーニングをしながらピッチングに取り組んでいた。

それと、春に横浜と対戦してからは、いいバッターとなるべく数多く対戦したほうが、自分自身も磨けると思った。そこで、いいバッターってなんだろうと考えたら、身近にいるじゃないかということに気付いた。

それからというもの、私はフリーバッティングでチームメイトに対して、実戦に近い形でかなりの球数を投げるようになった。監督から一度、「おまえ、そんなにフリーバッティングで投げなくていい」と言われたくらいだったが、それでも「フリーバッティングで投げさせてください」と志願して、ずっと投げていた。

私と野手との間で、お互いに求めるものが一致していたのだ。

野手のみんなは「いわゆるフリーバッティング用のボールを打っても意味がない。なるべく速いボールを打ちたい」という考えになっていたし、私も「ただブルペンで投げて、バッターが立っていないところで満足してても意味がない」という思いだったので、本当にすんなり、自然にそういう練習になっていった。

フリーバッティングは大体2か所でやるのだが、レギュラー陣は必ず私が投げているところに来て打っていた。それで、終わってから「どうだった?」と意見を交換する。

例えば、「バッターから見て俺はどうだった?」と私が聞くと、「インコースに投げるときに、身体がインコースに投げる雰囲気が出ている」といった感じで、お互いにそういう会話が増えた。

これは、センバツで横浜と対戦するまではなかったことだった。

厳しさ、苦しさを乗り越えてこそ

もちろん守備練習も、対横浜を想定した具体的な練習を繰り返した。

センバツでの横浜戦の8回表、1死二、三塁でバッター松坂の打球は三塁線のサードゴロ。これをサード古畑が本塁へ送球したのだが、ランナーの背中に当たって二者が生還。なんでランナーにボールが当たったのかということで、この場面のVTRを何度も繰り返し観た。それでキャッチャーの石橋勇一郎と古畑との間で、

「ミットを構えたところに向かってきてるぞ」

という話になり、対策を講じることになった。

本来キャッチャーは、野手から一番見えやすいところに構えて、そこに野手が投げるのが基本的なセオリーだ。だが、横浜のランナーは三塁からスタートした直後、三塁線の内側に切れ込むような走路を取り、構えたミットに向かって一直線で走ることにより、送球するコースを消している。

これはルール上グレーゾーンぎりぎりのプレーだが、横浜がそれをやってくる以上、じゃあそれを逆手に取ってやろうという話になった。

ああでもない、こうでもないと試行錯誤の末に出た結論は、最初に構えたところとは反対

側に投げてこいというものだった。ミットを構えたら必ず横浜の選手はそこに向かって走ってくる。だから反対に投げてきた送球を捕ってアウトにする、と。

しかし、ピッチャーもそうだが、構えていないところに投げるはすごく難しい。ピッチャーでいうと、キャッチャーはアウトコースに構えているのに、構えていないインコースに投げるようなもので、投げるほうは不安でしょうがない。

でも、横浜に勝ちたい一心で、この練習を何度も何度も繰り返した。横浜がそういう走塁をやってくるんだから、じゃあ夏、横浜に勝つためには自分たちも対策を練らなきゃいけない。ものすごくシンプルだった。

そして迎えた夏、何度も繰り返したこの練習とまったく同じ場面が、実際に横浜との試合で起きるのだから面白い。

とにかく、春以降の我々は、横浜に勝つためには何をどのように練習したらいいのかという思いだけで3ヵ月間を過ごしていた。自分たちが立ち向かおうとする壁が、越えるのが難しい巨大な壁だとわかっているので、練習は厳しくないと物足りなかった。

みんなも同じ思いだったはずだ。厳しくてもそのほうがいい。この苦しさを乗り越えていけば壁を越えられるという気持ちだったので、練習は苦しくないと満足できなかった。メチャクチャ練習はしんどいんだけど、この苦しさを乗り越えれば、また自分は甲子園で投げて横浜と対戦できる。そして横浜に勝てるという思考回路になっていた。

当然のことながら、一番の目標は全国優勝だ。だが、それを成し遂げるためには、横浜・松坂を倒さなければ頂点など見えてこない。

〝打倒横浜〟〝打倒松坂〟という目標のおかげで、練習もサードからのバックホームとか具体的なものになっていたし、松坂のどのボールを打つとか、やるべきことが明確に見えていたので、そういう意味ではすごくやりやすい3ヵ月間だった。

だから、4月から7月の予選まではすごくあっという間で、ギュッと凝縮されていて充実した期間でもあった。

PLの遠征と練習試合

この間、もちろん遠征や練習試合も行った。

基本的にPLの遠征は、相手校の創立何周年の行事として、前々から決まっている形で招待されるパターンが多かった。

逆に練習試合は、中村前監督のつてで全国有数の名門校と試合を組む場合と、免疫をつけておくという意味で、いいピッチャーがいる見知らぬチームに試合を申し込む場合のどちらかだった。

私たちのひとつ上の代は、大阪桐蔭に左のいいピッチャーがいた。だから、その対策としてどこかにいい左ピッチャーがいないかと探し、鳥取城北の能見篤史さん（現阪神タイガース）に練習試合をお願いしたことがある。

ふたつ上の代だと、三重に剛速球を投げるピッチャーがいると聞きつけ、明野の小山伸一郎さん（現楽天ゴールデンイーグルス）にもお願いしていた。

私たちの代の遠征では、県立広島工業の何十周年記念かで、野球はＰＬ学園、サッカーは静岡学園が呼ばれた。広島工業は何度も甲子園に出場していて、多くのプロ野球選手やサッカー選手を輩出している名門校だ。

野球のスタジアムとサッカーのスタジアムが並立していて、野球部がＰＬと対戦し、サッカー部が静岡学園と試合するイベントが行われた。サッカースタジアムからは「きゃあ～きゃあ～」と女子高生の黄色い歓声が聞こえてくるが、野球場はというとおじさんばかりで、「頑張れー！」とダミ声しか飛んでこない。

このときばかりは、「競技を間違えちゃったかぁー」と思ったものだ（笑）。

あとは、日大東北と日大山形の創立何周年かにも招待された。ともに、この年の夏の甲子園にも出場してくる実力校だ。私は日大山形戦で完投して勝った。四番に座っていたのは、1学年下の栗原健太（現広島カープ）だった。

予選あたりで負けてる場合じゃない

私たちは横浜、松坂大輔だけを見ていた。

だから、夏の大阪予選で他の高校を分析することは一度もしなかった。ラッキーだったのは、大阪代表は北大阪と南大阪に分かれていて、マークしていた大阪桐蔭とセンバツ準優勝の関大一が、ともに北ブロックだったことだ。

だから南ブロックはまぁいけるんじゃないかと思っていたし、

「こんなところで俺たち負けてる場合じゃないよな」

「先に横浜を見てるんだったら、予選あたりでつまずいてるようじゃあ、甲子園に出ても横浜に勝てるわけがない」

という思いだった。

実際、準決勝の相手は公立高校で、私たちPLが23対0で圧勝した。ここまでは楽勝といってもよかった。だが、決勝の上宮戦だけはそう簡単にはいかなかった。

PLの先発は稲田で、7回表まで両者譲らず0対0の緊迫した接戦。だが、PL打線は5回までノーヒットノーランに抑えられていて、どちらかというと上宮に押されている展開だった。

そして7回裏、上宮に案の定1点を奪われ、先制を許す。尚も1死一、二塁のピンチで、もう1点もやれない状況だ。そこで私がマウンドに立つこととなった。このときの私の気持ちはいまでも覚えている。

「センバツで、あの松坂大輔と投げ合って、夏に向けて自分を追い込んできた上重聡が、いよいよ登場します」

私は、自分の頭の中で実況しながらマウンドに上がった。完全に相手を呑んでかかっていた。ほぼ真っ直ぐだけで二者連続三振に斬って取り、追加点を許さなかった。

8回表のベンチでは、みんなが口々に声を上げる。

「松坂を倒すためにここまで苦しい思いをしてきたんだぞ」

「こんなところで負けてられるか」

そしてこの回、PL打線は2点を取って逆転に成功。私はそのまま最後まで投げ切り、2対1で勝って甲子園への切符を手にした。

この日の私は、2回と三分の二を投げて5奪三振。ボール自体は高校3年間で一番良かった。自信を持って投げ込む真っ直ぐは、バットにかすりもしなかった。

これは、完全に松坂効果だ。

センバツに出た他の高校も同じだったと思う。松坂を目の前で見た誰もが少なからず影響を受け、夏に向かってスタートしたわけだが、センバツに出ていない高校とは明らかに目的意識や見据えているゴール地点が違う。

松坂を知った時点で、他校よりリードしているようなものだ。

改めて横浜高校、松坂大輔の影響力はすごいなと思う。たった一度の大会で、まわりのすべての高校球児たちにそう思わせたのだから……。

だから、あの夏の甲子園は面白い大会になったのだろう。

第5章

球史に残る延長17回の死闘

１９９８年、夏の甲子園が開幕

あの夏は暑かった記憶がない。

よく仕事関係者から、夏場の暑い盛りに仕事で外に出たときに、

「いやぁ、今日は暑いけど、甲子園の暑さを経験してるから大丈夫でしょう？」

などと言われることがあるが、私は甲子園のマウンドで暑いと思ったことは一度もない。暑いと思っている時間がもったいないないし、暑いと思っている暇もない。つまり、ピッチングだけに集中しているから、暑さに神経がいかないのだ。

マウンドからベンチに戻ったときに、初めて暑さを思い出すような感じで、水分を取ったり首の後ろに濡れタオルを当てたりするのだが、マウンドでは暑さなど忘れていた。


私たちPL学園は、ついに夏の甲子園に戻ってきた。

1回戦の相手は八千代松陰に決まったのだが、私は試合当日、あろうことか晴れ舞台の甲子園にグローブを持っていくのを忘れた。

甲子園期間中はホテル住まいで、明日はテレビに映るからと、試合前日グローブにせっせとオイルを塗って、テカテカに綺麗にして窓を開けて干していた。

そして球場に着いてバッグを開けると、グローブがない。焦ったなんてもんじゃない。

小さい頃から甲子園を目指して野球をやってきた。特にこの3ヵ月間はものすごく練習をして、死に物狂いで頑張ってきたのに、なんで甲子園のマウンドにエースとして立つという一番いい場面で、グローブを忘れるんだ……。

「なんで俺はこんなことになってしまうんだろう……」

そう思うと悲しくて、悔しくて、涙が出てきた。

甲子園のピッチャーで、投げる前に泣いたのは私が初めてだと思う（笑）。

かなり早めに球場入りしていたので、監督に事情を説明して親に取りに行ってもらい、試合にはなんとか間に合ったが、そんな状態だから出来は良くなかった。

八千代松陰は、予選のチーム打率が2割を切っているようなチームで初出場。弱い打線を甲子園に導いたエースこそが、後に私と同じく立教大学に進むことになる多田野数人（元日本ハムファイターズ）だった。

私は序盤にいきなり2点を失った。バッティングの良くない相手に結構打たれたし、自身のワイルドピッチ等もあって1回、2回で1点ずつ献上。

「もう2点も取られるなんて……」

という気持ちだった。3回以降はなんとか無失点で切り抜けたが、9回のマウンドで投球練習中に、親指が攣って8回2失点で降板。

私のあとを稲田が抑えてくれて、試合は6対2で勝つことができたが、私の投球内容は良くなかった。

多田野は評判通り、かなり能力が高かった。私たちは試合には勝ったかもしれないけど、ピッチャーとしては対等か、多田野のほうが私より完成度は上だったように思う。

他校に横浜が倒されるのだけは許されない

横浜・松坂大輔ほどではないが、少し意識していた投手が一人いた。沖縄水産のエース、新垣渚（現ヤクルトスワローズ）だ。

沖縄水産は私たちPLと同じブロックにいたので、お互い順当に勝ち上がれば3回戦で当たることになる。

新垣は150キロのボールを投げるので、厄介だなと思っていた。しかも190センチ近い長身。「あんな高いところから投げ下ろすんだから、バッターボックスから見たら速いんじゃね？」「あのデカさは反則だよ」などと話していた。

それで沖縄水産の初戦に注目していたところ、新垣の速球を1学年下の四番・大島裕行（元西武ライオンズ）がスタンドに放り込み、埼玉栄が逆転勝ち。

「新垣の150キロをスタンドに入れるのかー。大島いいバッターだなー。よーし、じゃあ

3回戦の相手は埼玉栄かー」と思っていたら、埼玉栄は2回戦で佐賀学園に負けた。佐賀の四番は實松一成（現読売ジャイアンツ）だった。

私たちPLはというと、2回戦の岡山城東戦は稲田が先発完投で2対1で下し、3回戦へと駒を進めた。

3回戦までは、最初に引いたクジでトーナメントが組まれているが、準々決勝以降の組み合わせは、また新たにクジを引いて決めることになっていた。その抽選が行われるのは3回戦の試合直前で、キャプテン平石が戻ってくるのを、私たちはバスの中で待っていた。

クジを引いてきた平石の口から出た相手の名前は、〝横浜〟だった。

「おおー！」

「横浜だー！」

「おおい、早えよ！」

と、みんなが思い思いの言葉を口にする。そのとき誰かが言った。

「でも、ちょっと待てよ。先に横浜がどこかに負けると俺たちが倒せないから、それで優勝してもあんまり意味なくない？」

この言葉を皮切りに、

「そうだよな。遅かれ早かれ、どっちにしても横浜を倒さないといけないなら、もう早くてもよくない？」

みたいな雰囲気になった。理想は横浜と決勝で戦いたかったけど、他の高校に横浜が倒されるのだけは許されない。

私たちは、自分たちが横浜を倒しての優勝しか考えてなかった。

この3回戦に勝てば、翌日が横浜戦となる。

「おおーし、この試合、絶対に勝つぞ！」

気合十分でバスを後にして、我々は球場へと向かった。

だが、先発を言い渡されていた私は、少しドキドキしていた。

「せっかく横浜との対戦が次に決まったのに、ここで負けたらもう横浜とはできない。この佐賀学園戦は、絶対に負けられない！」

一人プレッシャーが掛かりながら、私はマウンドに向かった。

試合は序盤からPLの打線が奮起して、5対1で佐賀学園を下した。私も被安打5、与四死球1、奪三振8で9回を完投。まずまずのピッチングだった。

この日、私たちは第三試合だった。夕方に宿舎に帰り、野手たちは夜の8時か9時くらいから、自主的に打ち込みを始めていた。

もちろん、明日の横浜戦を見据えてのことだ。

佐賀学園のピッチャーは、大体130キロくらいのストレートだった。それに目が慣れてしまったので、松坂のスピードに目を慣れさせなきゃいけないと自分たちで考え、プレートより5メートルくらい手前からビュンビュン投げて、バッティング練習を行っていた。

完投した私は、明日の横浜戦は先発ではなく、リリーフを言い渡されていた。今日の一仕事を終えたということで、宿舎の隣りにあるスパに行き、「野手は大変だなぁ」なんて言いながらお風呂に浸かっていた（笑）。

横浜戦は第一試合だった。PLには、試合の4時間前には起床しないと身体が起きないという考えがあったので、翌朝の起床時刻は4時予定だった。

だが、野手陣は夜の11時くらいまでバットを振っていた。

準々決勝、運命の横浜戦

ついに、その日はやってきた。

メンバー全員が、〝打倒横浜〟〝打倒松坂〟の思いだけで過ごした3ヵ月間——。

辛く苦しい日々を乗り越えて迎えた、宿願の横浜との大一番。先発は稲田だった。

よく「エースなんだから、最初から松坂大輔と投げ合いたくなかったのか？」と聞かれる。

私の中では、先発として最初から投げたいという思いもないわけではなかったが、これは勝つためのチームの方針であったし、自分が監督でもそうするかなと、ある意味納得していた。

PLサイドには、横浜が左ピッチャーに対してはそんなに良くないというのと、オーソドックスなピッチャーには強いけど、技巧派にはちょっと苦戦するという読みがあった。ある意味賭けだが、春の中村監督、夏の河野監督ともに、まず先に稲田が行けるところまで行って上重につないだほうが勝てるんじゃないかという同じ考えだったと思う。

だから、前日から「リリーフでスタンバイして、いつでも行けるようにしておいてくれ」と言われていた。私としても、途中から投げても松坂とは投げ合えるわけだから、先発かどうかに関しては割り切れていた。

そして、横浜との運命の戦いが幕を開けた。

私たちPL学園は後攻だった。すごく印象に残っているのは、1回裏の攻撃が終わって、みんなが「いける！　いける！」と口々に言っていたことだ。

ツーアウトからフォアボールで一人出塁しただけで、無得点に終わっているのに、2年生の田中一徳までもが私に「いけますよ！」と言ってくる。「いやいや、おまえ凡退してるやんけ」と思ったが、一方で前夜みんなが一心不乱に打ち込んでいた姿も知っている。

「あ、こいつらならやってくれる」

先ほどの思いを打ち消すように、瞬間的にそう感じた。なんだか、すごく頼もしいチームメイトに出会えたなと思えた。

「ああ、俺はほんとにいいチームメイトに恵まれて、いい環境で野球できてるな……」

と、しみじみ感じた瞬間だった。

そして、その直後の2回裏の攻撃で、PLは3点を奪って先制する。

「うわ、すげー！　こいつら本当に打ちやがった」

と思った。まさに有言実行だ。

特に2点目の得点は、九番の松丸文政がセンターオーバーのタイムリーツーベースを打ったのだが、松丸はこれが甲子園初ヒット。

松丸といえば、どちらかというと守備の人で、バッティングには誰も期待していない。甲子園で、一度ワンバウンドのボールを打ってピッチャーゴロというのもあり、「おまえ、なんでそのボール打つの？」とみんなからバカにされていたほどだった。

「おまえ、もう守備で頑張れ！　バッティングは目をつぶる！」

そんな風に言われていた松丸が、あの松坂大輔からセンターオーバーを打った。

「なんだ、なんだ？　松丸が成長したのか？　松坂が調子悪いのか？　どっちなんだ？　まぁどっちでもいいや！」

なんだか嬉しくなって、「あの松丸が打ったぞ！　いけるいける！」とベンチ内の士気も最高に上がった。

だが、「こんなに簡単に勝っちゃっていいの？　リードしていいの？　しかも3点だよ？」という思いも湧いてきて、横浜が相手だとリードしてもリードしている気になれない。

「いやいや、横浜、おまえらこんなもんじゃねーだろ。おまえらの本気は、こんなもんか。来いよ、来いよ！」

こんな簡単に勝たせるんじゃねーよと思った。どうせ勝つのなら苦しんで勝ちたい。

「そうじゃないなら、いままで〝打倒横浜〟で死に物狂いになって練習をやってきた、俺たちのあの苦しかった日々を返してくれ」

そんな思いだった。

普通はそんなことを思わない。楽に勝てるほうがいいに決まっている。

だが、横浜に対してだけは、なぜか普通の野球の勝ち負けという考え方が通用しない。

そしてこの先、延長に入ってからは、勝つとか負けるとかの概念がさらに変化していくことになるのだった。

本調子ではなかった怪物

まさかあの松坂大輔から、序盤に3点も奪えるとは思ってもいなかった。

ＮＨＫのドキュメンタリー番組や、ノンフィクション書籍『横浜対ＰＬ』（朝日新聞社刊）でも紹介されて話題になったのだが、世間では横浜のキャッチャー小山の構えのクセに気付いたため、松坂大輔を攻略できたと言われている。

小山はストレートのときは低く構え、変化球のときは膝をつけずに少し腰を浮かせ気味に構える。これを、三塁コーチャーズボックスにいたキャプテン平石が見破り、ストレートのときは「行け行け」で、変化球のときは「狙え狙え」と声を掛けてバッターに伝えていたのは事実だ。

この「行け行け」がストレート、「狙え狙え」が変化球という掛け声は、あの試合に限らずやっていた。横浜戦でも、普段の試合と同じで「行け行け」、「狙え狙え」のサインは平石から出ていて、各バッターは一応の参考にはしていたが、球種がわかったくらいで打てるほど松坂大輔は甘くない。

つい最近、四番の古畑にも確認してみたが、「行け行け」、「狙え狙え」はいつも通り参考にしながら程度だったそうだ。

「番組内では、みんなそのおかげで打てたことになってるけど、それは自分の場合は絶対に違うし、他のバッターも球種がわかったから打てたという選手はたぶんいない」

古畑はそう言っていた。

ある程度の効力はあったのかもしれないが、第一打席に立ったときに明らかに松坂の調子が悪く、センバツのときほどすごさを感じなかったと古畑も言っていた。クセを見破ったおかげで打てたという単純な話ではなく、もう少しいろんな要因が重なった多角的な理由からの3点先取だったのだ。

この日の松坂は、特に1回2回は調子が悪かったように思う。これはあとから本人に聞いた話だが、もともと朝が弱い上、前の日にほとんど眠れなかったらしい。夜中の1時2時になっても眠れず、朝4時くらいに起こされたものだから、身体が重くてブルペンで投げていても「ヤバい」と思っていたそうだ。

「相手がPLだから、しっかり投げよう」

と思っても、身体がまったく言うことを聞かない状態だったらしい。確かにボール自体は良くなかった。

あとは春の松坂のインパクトがすごかったので、それがある程度PLのメンバーの頭の中にインプットされていて、夏に対戦したときには免疫ができていたというのもあると思う。仮に夏と春が同じボールであったとしても、一度見ていると最初ほどのすごさは感じないものだ。

それに、我々は春が終わってから夏まで、〝打倒横浜〟〝打倒松坂〟の思いで横浜・松坂を基準にやってきたので、この巨大な敵に対して恐れないというか、覚悟が決まっている部分もあった。

まだ見ぬ鮫の影だけに立ち向かっていった春は怖かったが、「鮫だ！」と一度その姿かたちをこの目で見て、鮫がどういうものかがわかっている。それから3ヵ月間ずっと鮫の対策をしてきて、夏は「いざ行く！」という気構えができているので、そんなに怖くはないといった感じだ。

だから、横浜と比べると我々ＰＬのほうが戦いやすいというのはあったと思う。

横浜は追われる立場だし、センバツで勝って夏に負けるわけにはいかないという気持ちを持っていたはずだ。それに、これもあとで聞いたのだが、横浜もＰＬが一番の敵、ライバルだと思ってくれていたらしい。

春夏連覇をするためには、ＰＬを倒さなきゃいけないという思いが、もしかすると横浜のプレッシャーになっていた部分はあったのかもしれない。

いずれにせよ、２回裏に３点先取したことはチームを勢いづかせた。夏の戦いの序盤は、間違いなくＰＬのほうが主導権を握っていた。

データより感覚を重視するＰＬ野球

だが４回表、いままで沈黙していた横浜打線が突如目覚める。二番の加藤が二塁打で出て、三番四番は倒れたものの、キャプテンで五番の小山が２ランホームランを放ち３対２。これでＰＬのリードは１点となった。

横浜の打線は隙がなかった。

このとき私は、まだベンチに控えていたが、事前に何人かマークしていた。

一番・小池正晃（現ＤｅＮＡベイスターズ一軍打撃コーチ）、三番・後藤武敏（現ＤｅＮＡベイスターズ）、四番・松坂大輔、五番・小山良男という選手が核になるバッターだったが、私は二番の加藤重之、それに八番・佐藤勉、九番・松本勉が嫌だった。

横浜の打線を電車に例えると、先頭バッターとクリーンアップの４人が車両なら、二番、八番、九番が車両の連結部分で、つなぎが本当にうまい。だから、松坂エクスプレスが非常に気持ち良く走る。

松坂、小池、後藤の３人は怖いバッターで、小山はどちらかというと連結タイプにもなれるのだが、連結部分のバッターたちは、穴が少なくて簡単には打ち取れない。つなぐタイプなのでホームランとか大きいのはないが、打ち取り方を探してもなかなか見つからない。私はこういうタイプのバッターが嫌いで苦手だった。

つまり、横浜打線は全員マークといってもいい。

しかし、これは意外に思われるかもしれないが、ＰＬは相手チームのデータ分析や研究を事前にほとんどしない。

試合の前日に、「ビデオを見るやつは見とけよー」くらいなもので、とにかく自分たちの野球をすることに専念し、相手に合わせてどうこうすることはない。調べたい者は調べればいいというスタンスで、チーム全体で徹底して相手のデータを共有するといったことは私の記憶にはない。

「大体こういうピッチャーですよ」とか「気を付けるのはこの点ですよ」くらいのものだから、このバッターには絶対ここに投げるなとか、逆にこのバッターには困ったときはここに投げろとか、そういう具体的な指示もまったく出ない。

試合で実際に投げている中で、

「このバッターは、インコースのほうが苦手だなといったことを感じろ」

という教えだった。データに惑わされて自分のピッチングができなくなるほうが怖い。つまり自分たちの野球をやるのが、やっぱり一番強いという考え方だった。

桑田さんからも、同じような話を聞いたことがある。バッターがパッと構えたときに、インコースを待ってる、待ってないとか、インコースに苦手意識があるとか、マウンドで相対したときに最初に感じたものをすごく大事にしていたそうだ。

だから、センバツで横浜に負けてから夏までの3ヵ月間で、松坂のクセを全員で見抜けば勝てるという発想は私たちPLのメンバーにはなかった。

たとえクセがわかったとしても、試合のときまでに直っているかもしれないし、当日は逆かもしれない。データやクセを100％信じたばかりに、そうじゃなかった場合のダメージは大きいし、それを気にするあまり自分たちのバッティングができなくなるほうが痛手が大きい。試合を進めていく中でクセを見つけて、それが使えそうだと思ったらみんなで共有すればいいだけだ。

伝統的にPLはデータにこだわらない。データに頼った戦略や戦術がなかったから、私たちは野球をのびのびできた部分もあると思う。

これも、PLの強さのひとつかもしれない。

7回同点の場面でマウンドへ

1点差に詰められたPLだったが、そのすぐ裏にまた九番・松丸がヒットで出て、田中、井関の3連打で1点を追加する。初回に「いける！　いける！」と言っていたその言葉通り、本当にこの日のPL野手陣は頼もしい。

しかし5回表、横浜も黙っていない。

七番・斉藤清憲の二塁打を皮切りに、八番・佐藤のセンター前で無死一、三塁となったところで、九番・松本が2点タイムリーの3連打で瞬く間に4対4の同点。穴のない連結部分のバッターたちに集中打を浴びて、試合は振り出しに戻った。しかも無死三塁とピンチは続いている。

ワンアウトを取って迎えた二番・加藤の打った打球は、サード古畑へのゴロ。

素早いスタートを切った三塁走者の松本は、走りながらサードの捕球位置を確認し、内に切れ込んで本塁を目指してくる。キャッチャー石橋はホームベースのやや内側にミットを構える。古畑と石橋が何度も何度も繰り返し練習してきたプレーだ。

古畑の送球は練習通り、構えたミットとは逆の外へ。

ホームベース上はクロスプレーになった。

一瞬の静寂――。

そして判定は、アウト。

固唾を呑んで見守っていたPLベンチからは大きな声が上がる。センバツ以降、繰り返し練習してきた横浜への走塁対策が、実を結んだ瞬間だった。

このイニング、追加点は許さず、6回もお互い無失点に終わり、4対4のまま試合は終盤7回へ突入する。

私は、この7回表からマウンドに向かうことになった。

先発とリリーフとでは、前夜のプレッシャーがまったく違う。前日からリリーフを言い渡されていた私は、「明日は投げても2~3イニングだろう」と思っていたので、心に余裕があり、試合前の緊張もなくグッスリ眠ることができた。

正直に言うが、まさかここから1試合以上も投げるなんて、このときの私は想像すらしていなかった。

それでこそ横浜

4対4の同点で迎えた7回表、横浜の攻撃は、私が苦手意識を持つ八番、九番と続く打順から始まった。

だが、私は先頭バッターの八番・佐藤をどん詰まりのショートゴロ、次の九番・松本を三振、トップバッターの小池をセカンドフライと、三者凡退に斬って取った。

この7回の三者凡退は、確かな手応えを感じたイニングだ。

センバツの横浜戦のときは、たまたまアウトになっているといった感じで、自分が投げて打ち取っているという感覚を一度も持てなかった。だがこの夏は、3つのアウトをすべて自分で取り、自分の投げたボールで相手を打ち取った感覚が確実にあった。

同じ三者凡退でも、いい当たりだったけど野手の正面といった打球はない。どん詰まり、三振、セカンドフライと相手にバッティングをさせていない。しかも嫌な連結部分から始まり、要注意の一番へと続く打順で、センバツで簡単に追い込みながらフォアボールを出してしまった九番・松本も、三振に斬っている。

1ランク上の三者凡退に、手応えと自信を感じ、「春からやってきたことは間違ってなかったんだ」と強く思えた1イニングだった。それと同時に、

「よーし、これでようやく松坂大輔と投げ合える！」

と思った。

そして7回裏、PLの攻撃はフォアボールとヒットなどで1点をもぎ取って勝ち越し。5対4とPL1点リードで、私は8回表のマウンドに上がった。

先頭バッターは、私が最も嫌だった二番・加藤。加藤にはスライダーをうまくレフト前に運ばれたが、三番・後藤と四番・松坂をともに外野フライに打ち取り、ツーアウト二塁となった。打席には五番・小山。私は簡単にツーストライクに追い込んだが、5球目の甘く入ったスライダーをセンター前に打たれ、5対5の同点となった。

そのとき、瞬間的に私はこんな風に思った。

「そう簡単には勝たせてくれないよな」

「甘くなったら、そりゃあ打つよね小山くん」

「それでこそ横浜だよな」

その一方で、冷静な自分もいた。

「……おまえ、打たれてるのに、何思ってるんだよ」

8回ツーアウトまでいき、あと4つアウトを取れば勝てる。なのに、マウンド上でそんなことを考えていた。

もしかすると、横浜との試合をまだまだ終わりたくなかったのかもしれない。

春と同じシチュエーション

だが、このとき実は〝事件〟が起きていた。

小山のセンター前ヒットを大西がバックホームした際に、イレギュラーバウンドをしたボールがキャッチャー石橋のマスクを外した顔面に直撃。石橋は負傷退場となり、PLは扇の要を失うこととなった。

そして、2年生の控えキャッチャー田中雅彦（現ヤクルトスワローズ）と交代。雅彦はこれが甲子園初出場だった。それどころか、公式戦初出場。私とは、練習試合ですらバッテリーを組んだ経験が一度もない。

後に、何度か聞かれたことがある。

「あのとき、初めて組むキャッチャーで、相手は1学年下。しかも横浜との大一番で試合は8回の大詰め。不安はなかったですか？」

だが、私はブルペンで投げているような感覚で投げればいいと思っていた。

雅彦はパチン！　と良い音を鳴らして捕るのがすごくうまいキャッチャー。その点に関しては石橋よりもうまいんじゃないかと思えるほどで、私はブルペンで雅彦に投げるのは気分が良くて、すごく好きだった。

練習では、石橋よりむしろ雅彦を相手に、よくピッチング練習をしていたほどだ。だから、細かいサインなどは別にして、バッテリー間の呼吸は合うので、投げるということに関しての不安はなかった。

それに、試合に出ていないということは、逆に言えば横浜にデータがないということだ。雅彦からは、「上重さんがサイン出しますか？」と言われたが、「いや、配球とかクセとかおまえのデータは分析されてないから、サインは全部おまえが出せ。俺はおまえが考えた通りに投げるから」と答えた。だから私はほとんど首を振っていない。

実際、このあと「おおー、それで来たか」というサインも何度かあった。左バッターにフルカウントで、石橋は困ったらアウトコースというタイプだったが、そこで雅彦はインコースを要求してくる。石橋にはない強気の攻め……というより、雅彦はあまり物事を深く考えていない（笑）。「行っちゃえー」といったタイプだった。でも、そのおかげでインコース見逃し三振でピンチを脱したことも、この試合で何度かあった。

雅彦に代わって、初めてのバッターはショートフライに打ち取り、無事にスリーアウトチェンジ。8回は1失点だけで切り抜けることができた。

そして9回表、5対5の同点で横浜の攻撃を迎えた。同点で9回を迎えるのも、下位打線から始まるのも春と同じだった。センバツでは2対2の同点からランナーを溜めてしまい、スクイズを決められてサヨナラで負けている。

私は「うわぁ、春と同じシチュエーションだよ……」と思っていたが、先頭バッターの七番斉藤をスライダーで三振、続く八番・佐藤をピッチャーゴロ、九番・松本を三振と、わずか8球で締めくくることができた。

「っしゃあ！」という気持ちだった。

春は9回同点の場面でうじうじしていて、どちらかというと弱気な自分がいた。だが、7回に登板して以降、春と似たような場面を何度か乗り越えたことで、

「夏はそんな弱気な自分と、おさらばできてるだろ」

「春できなかったことが、夏はできるようになってるだろ」

と誰かに伝えたいような思いで、私は意気揚々とベンチに引き上げた。

〝死球〟で握れなくなった左手

9回裏のＰＬの攻撃も無得点に終わり、試合は5対5の同点のまま延長戦に突入した。

この試合は野球だけに集中していたので、「暑い」とか「いつまで試合は続くんだろう」といった余計な考えは最後までまったく浮かばなかった。

ただ、試合中に野球以外で驚いたことがふたつある。

ひとつは、スタンドの売り子さんが延長に入ってからは売るのをやめて、一人、また一人

と通路に座って試合を観ていたこと。売り子さんが通路に座って売るのをやめるのは、ある意味、職場放棄みたいなもので、それくらいこの試合に魅了されているんだと思った。

もうひとつは、朝8時30分開始の第一試合だったため、最初はぎっしり満員というわけではなかった。だが、延長に入ったどこかのタイミングでスタンドを見たときにはすごい人の数で、「うわ！　こんなに人が!!　もう満員だよ」と驚いた覚えがある。

それだけ多くの人がこの試合の行方に注目していた10回裏、ＰＬの攻撃はワンアウトランナーなしで、私はこの試合二度目のバッターボックスに入る。

松坂は初回から6回あたりまでは調子が悪かったが、７回以降は見違えるようなボールを投げていた。その初球、カーブが来た。肩口からのカーブが大好きだった私は、思い切り踏み込んで打ちにいったが、バットを振る直前でボールは左手の甲に当たった。

判定はボール。打ちにいって当たった、つまりボールを避けていない場合は、デッドボールは認められない《野球規則６・０８（Ｂ）（２）》。

左手の感覚がなく力が入らない。ジーンと痺れたような状態で、結果三振に倒れた。

ベンチに戻り、氷水が入ったクーラーボックスに左手をつけるが、まったく力が入らない。本当に骨が折れていると思った。

前にも書いたが、右投手にとって引き手の左手は大事だ。しばらく氷水で冷やしていたのでもう大丈夫かなぁと思い、ベンチ前でキャッチボールを始めたが返球が捕れない。グローブのポケットに返球は入るのだが、痛くて握れないためグローブを閉じることができず、ボールがポロポロ落ちる。

でも、誰にもこのことは言わずに、私は11回表のマウンドに上がった。

延長11回、こいつら本当にすげえ

11回は先頭バッターの四番・松坂にサードへ強い打球を打たれて、それがイレギュラーでヒットとなりノーアウト一塁。送りバントでワンアウト二塁となったところで、六番・柴の叩きつけた打球がショート本橋の横をすり抜けてセンター前へ。これで二塁ランナーの松坂が生還して横浜に1点を勝ち越された。

やっぱり左手がおかしい。実際7、8、9回のボールとは明らかに違う。もう気持ちで投げるしかなかった。

自分のボールが全然行かなくなったので、センバツのときよりも厳しいピッチングになっていった。だが、なんとか残りのバッターを打ち取り、後続を断ち切ることができた。

この試合で初めてリードされた私は、正直「あぁ、これはヤバいかな……」と思いながらベンチに戻った。

すると、ベンチに帰ってきた瞬間、みんなの口から、

「よーし！　ここ行くぞ!!　絶対ここで終わらせないぞ！！！」

ものすごい前向きな言葉が出てきた。

「ごめん、俺1点取られちまったよ……」

と意気消沈していたところに、そういう弱い気持ちを打ち消すくらいのみんなのポジティブさに触れて、私は「あぁ、いかんいかん！」と思うのと同時に、

「こいつら、本当に強えなぁ……」

と感じた。なぜなら、松坂のボールは7回以降は恐ろしく良くなってきていたからだ。その怪物・松坂大輔に対して、そういうポジティブなことを言える精神力と気持ちの強さに、私はすごく勇気づけられた。

そして5対6と1点リードされて迎えたPLの攻撃は、先頭バッターのキャプテン平石が追い込まれてからレフト前ヒットで出塁。送りバントでランナーは二塁に進んだが、続く四番の古畑が見逃し三振でツーアウト。ついにPLはあとアウトひとつまで追い込まれた。

バッターは五番・大西。松坂の初球を振り抜く。その打球は、三遊間を割った。二塁ランナーの平石が還ってきた。これで6対6の同点、みんなが宣言していたその言葉通り、ゲームはまた振り出しに戻った。

「こいつら、本当にすげえなぁ……」

心底そう感じた。

この試合は、横浜や松坂大輔のすごさはもちろん、チームメイトのすごさを随所に感じたゲームだった。

「3年間、こいつらと一緒に同じ釜の飯を食って、同じしんどい思いをして、本当に良かったな……」

と、心の底から何度も思えた数時間だった。

甲子園でそんなことを思ったのは、この延長17回の横浜戦だけだった。

おまえと心中する

私は13回表を投げ終えて、監督に話をしに行った。

「実は前の打席で、松坂の投球が左手に当たって握れません。自分の100％のピッチングができませんが、監督どうしたらいいですか？　ピッチャー交代したほうがいいんじゃないでしょうか……」

すると、監督は静かに言った。

「おまえで負けたのなら、みんなが納得する」

「残ってるのは、甲子園でまだ一回も投げたことがないピッチャーばかりだ。それで負けて、みんな納得できるか？」

「だからおまえと心中する。おまえはエースだろう」

「おまえで負けるのならしょうがない。だから行ってこい」

私はある意味、その言葉を聞きに行った。

「代えてください」と匂わせながら、本当に代えてほしいなどとは思っていなかった。

その言葉で押してほしかったのだ、私の背中を。

監督のこの言葉に、すべてが集約されていた。

「おまえが頑張ってきたのはみんな見てると思うし、勝っても負けても、おまえの背中を見ながら終わりたい、とチームメイトは思ってるよ」

私には、監督の言葉がそう聞こえた。

特に、「おまえと心中する」という言葉は、私の心に響いた。

「あぁ……3年間PLで、辛い練習もあって、寮生活も本当に大変だったけど……、本当によかった……」

このときはすごく嬉しかった。もしかすると、高校3年間で一番嬉しかった瞬間かもしれない。

だから、どんな姿であろうと、どんな醜いボールを投げようと、最後までマウンドに立ち続けようと誓った。そして、3年間の思いを全部背負ってマウンドに行った。

もう、そこから先は痛いだとか、そんなことは何も考えなかった。

だが、監督のその言葉を聞いたからといって、そのあとのボールが急に良くなるわけではなかった。

ボールが垂れようが、シュート回転しようが、どうなろうが、とにかく打ち取ればいいんだという思いだけで13回以降は投げていた。

松丸のメッチャかっこ良い後ろ姿

チームメイトには、左手の痛みを悟られないように隠していた。痛みを押してマウンドに立っているのがわかると、逆にチームメイトのプレッシャーになったり、同情を誘ったりするのがすごく嫌だったからだ。

だから、私はマウンドから下りると、毎回ベンチ裏で周囲に気付かれないように左手を冷やしていた。すると、あるときセカンドの松丸が「どうしたの？」と覗き込んできた。左手を見て、「ああ、あのときの……」とすぐにわかったらしい。私のネクストバッターズサークルにいた松丸は、ボールが当たった瞬間を見ている。すかさず松丸は言った。

「打たせて来い。俺んところに来たら全部捕ってやるから。安心して打たせろ」

私は感動した。

実際、その後の松丸は、イレギュラーしてセンターに抜けようかという難しい打球を滑り込みながら捕ったり、ファインプレーの連続で、私を何度も救ってくれた。

松丸文政は親が裁判官という厳格な家庭で育った。九州から越境入学でＰＬに入ってきたのだが、正直、守備もバッティングも良くなくて、「うーん、わざわざ九州から来るような選手かな……」と、その頃の私は思っていた。

ＰＬの寮には、乾燥室というのがある。コンクリートで囲まれた狭い部屋で、先輩のユニフォームを物干し竿に干して、夜の間に乾かさなければならない。ここはコンクリートで密閉されている上、ヒーターが掛かっているため暑い。

私は1年生のある日、夜中の2時か3時に乾燥室に行った。するとユニフォームが乾くのを待つ間、グローブを手にした松丸が、一人汗だくになりながらボールを壁に当ててずーっと練習している。

消灯時間が過ぎていて、1年生は外でも部屋でも練習することができないからだ。だが、乾燥室はコンクリートに囲まれているため、ボールの音がゴンゴン響く。すぐ近くには寮長の先生が住んでいる部屋があったので、夜中に一度やってきて「うるさい！」と怒られ、翌日先輩からもきつく怒られていた。

しかし、その後も松丸が汗だくで練習している姿を何度も見かけた。

こんなこともあった。1年生のときの練習前の競走で、下から3人が先輩のパシリになるのだが、みんな疲労骨折で抜けていき、3人だけで走っていた時期がある。その中に私と松丸が含まれていた。

3人しか走る人間はいないので、どんなに頑張って走っても3人ともパシリは確定だ。

「他の1年生はみんな歩いて寮に向かっているのに、俺たちは寮まで一生懸命走って、尚かつ頼まれごともやらなければならないなんて……」

理不尽な思いを抱えながら、私たちは日々走った。松丸と私は一度も疲労骨折をしなかったので、そういう思いを共有できた存在でもある。松丸は怪我で脱落することがなかったので、みんなが抜けている間、ずっと練習できる環境にもあった。

そういうコツコツ積み重ねた努力が実って、松丸は守備でレギュラーを獲った。甲子園でも再三いいプレーを見せていたので、ヒットを打てなくても欠かせない存在だった。

おそらく松丸は、ＰＬ野球部に入ってから「俺が生き残るためには守備しかないんだ」という覚悟を持ったんだと思う。

そんな松丸が、最初に見たときには厳しいなと思えたあの松丸が、いま「守備で俺が助けてやる」と、私に向かって言ってくれていることがすごく嬉しかった。

チェンジになって、マウンドに行くときも、松丸は私の背中に近づき、

「俺が全部捕ってやるから」

と言ってセカンドの守備位置に走って行った。

私はグッときた。そのときの松丸の後ろ姿は頼もしくて、メッチャかっこ良かった。

狙い通りのビッグプレー

13回以降も私はなんとか無失点で切り抜け、お互いゼロ行進が続いた。

そして迎えた15回表。横浜の先頭バッターを四球で出し、ノーアウトランナー一塁となったところで、打席には三番・後藤。ノーアウトのランナーを出して、一番厳しいクリーンナップを迎えることとなった。

12回から膠着《こうちゃく》状態が続いている中で、ここを抑えないと流れが一気に横浜に傾き、ズルズルいってしまう危険性を私は感じていた。左手のこともあり、流れをPLに持ってくるためにも、何かビッグプレーを起こしたかった。

このとき私の脳裏に浮かんだのは、甲子園の天理戦で桑田さんが見せたトリプルプレーだ。1985年のセンバツで、ノーアウトランナー一、二塁のピンチから、三塁側に飛んだバントの小フライを桑田さんが超ファインプレーのダイビングキャッチ。すかさずセカンドに投げてツーアウト。さらに一塁に転送してトリプルプレーを達成した場面。

私は桑田さんが大好きで、この場面をPLの視聴覚室で何度も何度も繰り返し見た。おそらく100回以上見ているはずだ。そのくらい私はこのシーンが本当に大好きだったので、このときの映像は頭の中にしっかり刻み込まれている。

桑田さんのときはランナー一、二塁で、このときはランナー一塁だったが、ビッグプレーを起こすには、これしかないと私は思った。

迎えるバッターの後藤は三番でバッティングがいいので、送りバントをするタイプではない。だからバントはそんなにうまくないだろうと考えた。

さらに後藤は、この試合でそんなに打ってなくて、精神的にもあまり元気がない感じだったので、「これは隙をつける」と思った。

そういう選手にバントのサインが出ると、「絶対にバントを決めたい」という気持ちが強いので、一球見逃す余裕がない。ストライクゾーンも広めに取っているため、きわどいボールを見逃せず、「バントできる！」と思って手を出してくれる。

こういう場合、インコース高めが一番フライが上がりやすい。だから、あえて身体に近いところに投げ、ダッシュして小フライを捕り、ランナーが飛び出していたら一塁に投げてゲッツーと、シュミレーションまでできていた。

そして後藤への初球、私はインコース高めに投げた。バントした打球は一塁線近くの小フライとなった。

「あ、小フライだ！　桑田さんと同じだ！」

と思いながら私は飛び込み、ダイビングキャッチで捕って一塁に転送。狙い通りのダブルプレーとなった。

PLの選手はあまりガッツポーズをしない。

胸のアミュレット（御守り）を握って「いまのプレーに感謝します」と思いなさいという教えなのだが、このときは無意識にガッツポーズが出た。だが、これはピンチを切り抜けて「してやったり！」という思いからではなかった。

「ほら！　俺は桑田さんのトリプルプレーをずーっと何度も何度も見てきて、いま思い描いた通りになったよ！」

という嬉しさから、思わず出たガッツポーズだった。

しかし、思い通りのビッグプレーでツーアウトにしたのに、そこから四番・松坂、五番・小山に連続安打を浴び、ランナー二、三塁のピンチに陥った。続く六番・柴の当たりは一、二塁間へ。これをセカンド松丸が倒れ込みながら捕ってスリーアウト。

危うくタイムリーで横浜に勝ち越されるところだったが、また松丸の好プレーに私は助けられた。

至福、至高を感じた延長12～15回の4イニング

実はこの試合で私が一番好きな場面は、延長12、13、14、15回の4イニングだ。

至福のとき、至高のときだったと言っても過言ではない。

この4イニングは、横浜とPLが互いにゼロゼロゼロゼロ……となっていて、表と裏で8つのゼロが並んでいる。このときばかりは、

「あぁ、俺、いまあの松坂大輔と投げ合えてる！」

と、恍惚《こうこつ》にも似た感情を私は抱いていた。

互いに同じくゼロが並んでいるのだが、その内容は違う。

松坂はほぼ三者凡退で、私は毎回ピンチ。それでもなんとかゼロには抑えているので、内容は違うが同じゼロはゼロ。お互いの持ち味や実力を発揮しながらのゼロで、それぞれの投手としての性格や人間味がよく表れている。

このゼロが、私も松坂のように三者凡退だったら、それは私じゃない。苦しみながら、なんとかピンチを切り抜けてのゼロが私らしい。でも松坂は違う。バーン！　と力で抑えて「すげえー」と思わせるのが松坂。

それでも同じゼロで、同じマウンドにいる。

私は、この時間と空間がたまらなく好きだった。

中でも特に好きだったのは、マウンドですれ違う瞬間だ。私がマウンドを下りるとき、松坂はマウンドに向かってきていて、そこにはマウンドを通じた二人の無言の会話があった。

「俺は必死に頑張ってゼロに抑えたよ。じゃあ松坂どうぞ」

「俺は簡単に抑えたよ。じゃあ次、上重どうぞ」

もちろん実際にそういった会話を交わしたわけではないが、マウンドを通じてのコミュニケーションが確かにあった気がする。

スリーアウトでチェンジとなったときには、それぞれの汗なり魂なりが染み込んだボールをマウンドに置き、それを一番最初に触るのも私たち二人だ。握手をするわけではないが、ボールを通じてお互いの魂を渡している感覚だった。

だから、私はマウンドでボールを拾い上げるとき、「松坂がさっきまで握っていて、松坂の汗が染み込んだボールだ」と思いながら手にしていた。

マウンドで、そんな風に思ってボールを拾ったことは、後にも先にも一度もない。

「いま俺は松坂大輔と対戦してるんだ」

「いま俺は松坂大輔と対等に投げ合ってるんだ」

という思いを感じられるのが、二人で共有しているマウンドであり、ボールであり、ロージンであって、それらに触れることで松坂の何かを感じたかったんだと思う。

勝ち負けの概念を超えた瞬間

12回から15回の私のピッチング自体は、理想でも何でもなかった。

毎回打たれてランナーは出しているし、左手の負傷もあってボールはまったく行ってない。普通なら、いいピッチングをして初めて自分が納得して満足できるものだが、いいボールが行ってないにも関わらず満足できるというのは初めての感覚だ。

これは、やはり甲子園の大舞台で、相手は横浜高校、そして松坂大輔ということが大きい。その強大な相手に、ランナーを出してもなんとか私が抑え、チームメイトも身を挺《てい》して守ってくれる。

そういったすべてが、この4イニングには凝縮されていた。

このときのことを後に松坂から聞いた。松坂は「しぶといな、なかなか終わらせてくれないな」という感覚をずっと持っていたらしい。松坂と私とでは、立場が松坂のほうが上なので、そういう言葉になったんだと思う。

マラソンに例えるなら、最後に松坂がラストスパートをしているのに、私が離れずにくっ付いてくる。松坂は「もう付いてくんなよ、付いてくんなよ」とずっと思っているのだが、後ろの私は「世界記録を持ってる男に、俺は付いていけてる、付いていけてる」と思っているようなものだ。

この試合では、9、10回の2イニングもゼロが4つ並んでいたが、そのときは春からの成長の確認作業という意味合いが強かった。だから、12回から15回のような特別な思いは抱いていない。このあたりから、

「あれ？　いま俺たちは勝ち負けを競い合ってるんだよな？？？」

という自問自答が浮かんできて、

「でも、勝ち負けより得るものが、いまこの瞬間にあるんじゃないか」

といった心境に陥っていった。かっこ良い言葉で言うと、勝ち負けを超えた状態だった。

いまのこの時間が充実しすぎていて、

「この幸せな時間が、ずっと続けばいいのに……」

と心の底から思っていた。

この4イニングはご褒美のようで、私が唯一浸っていられた特別な時間だった。

現実に引き戻された高野連からの通達

16回に入る前のことだ。高野連から、

「この試合は18回で引き分けになれば、明日午後1時から再試合となります」

という連絡がベンチに入ってきた。

この充実した、幸せな時間がずっと続けばいいのにと思っていた私は、夢から現実に引き戻された。

延長が18回までというのは、もちろん知っていた。だが、高野連から通達が入ったことで、私はゴールラインを決められてしまったように感じた。そのゴールとは、4イニング続いていた幸せな時間の終焉《しゅうえん》でもあり、この試合で松坂大輔を倒しての勝利でもある。

「おまえら、松坂を倒すというゴールまでの猶予期間は、残り3イニングしかないよ」

と時間を区切られ、改めて念を押されたような感じで、私は現実に戻された。

そのとき誰かが言った。

「明日もし再試合になったら、松坂は投げてこないんだろ？　じゃあ今日決着をつけないと、俺たちは松坂に勝ったっていうことにならないんじゃないか？」

私たちは、横浜を倒しての優勝しか考えてなかったが、横浜だけではダメだった。

「松坂も倒し、横浜も倒す」

PLの誰もが、松坂が投げている横浜を倒してこそ、はじめて意味を成すという思いでいたのだ。

「おーし！　あと3回！　18回までに決着をつけるぞ!!」

当然、横浜にも高野連からの連絡は入っている。横浜の渡辺元智監督も、明日は松坂には投げさせないという考えだっただろうから、それは横浜のメンバーにもうすうすは伝わっていたはずだ。

つまり、

「18回までに決めないと、もう明日は松坂大輔は投げないよ」

と、横浜とPLはともに知らされたということだ。

「明日の再試合は、松坂が投げない中でやらなきゃいけない」

という事実が、両チームのメンバーの気持ちに化学反応を起こした部分はあると思う。

実際、このあと試合は動き始める。

16回の攻防は、野球の神様が試合を再び動かしたイニングだったと言えるかもしれない。

再び試合が動いた、16回の攻防

16回は打たれたという記憶はなく、私の感覚としては、なんとなく1点を取られてしまった感じだった。

高野連からの通達を受けて、

「松坂に勝たなきゃ意味がない」

「18回までに決着をつけよう」

というナインの言葉があり、みんなそういう思いでいたはずだ。

だが私は、12回からの4イニングに満足していた。高野連からの連絡でトントンと肩を叩かれたような感じで夢のような時間は終わり、うまく現実に戻れなかった部分があったのかもしれない。

16回表で覚えているのは、ワンアウト満塁となった場面だ。ＰＬの野手がマウンドに集まってくる。途中出場の2年生キャッチャー田中雅彦は、初めての甲子園で初めての出場。横浜と対戦するのも初めてだ。だから、ここでスクイズが出そうだなという雰囲気は私のほうがわかる。

正捕手の石橋の場合は、「次、スクイズきそうだな」と私が感じたときには、阿吽《あうん》の呼吸で、必ずウエスト（外せ）のサインが出ていた。私は石橋を信頼していたので、たとえ自分が感じていなくても、石橋からサインが出たら外していた。

ウエストのサインはキャッチャーから出す場合と、ピッチャーから出す場合の2種類があるのだが、この当時は大会本部がブロックサインやマウンドでの仕草を厳しく取り締まっている時期だった。

実際、甲子園で、私はウエストのサインを出してボークを取られている。

横浜の渡辺監督からスクイズのサインが出ているかもしれないと思ったときには、キャッチャーに外してもらわなきゃいけない。どう雅彦に伝えればいいのか。あからさまに帽子を触ったりできないし、どうしたらいいものかと考えているときにとっさにマウンドで思いついたのが、

「俺が、目をギュッギュと2回まばたきしたら外せ」

というものだった。決められたわずかな時間の中で、急きょその場で雅彦用にスクイズ外

しのサインを決めたのだが、私も興奮していて言葉足らずだったのか、うまく雅彦には伝わっていなかったらしい（笑）。

結局、横浜がスクイズに出ることはなかったが、初球を叩いた打球はショートへの高いバウンドのゴロで、私は1点を失った。

これで6対7とまた勝ち越されたが、16回の横浜の攻撃が終わってベンチに戻ると、1点差から追いついた11回裏のときとまったく同じ雰囲気だった。

「もう一回やってやろうぜ！」

とみんなが口々に声を出していて、誰も諦めていない。

そして先頭バッターの2年生、田中一徳がこの日4本目のヒットで塁に出る。先頭が出塁するのは11回と同じで、またベンチ全体が「なんとかなるぞ！　このまま終わらないぞ！」という空気に包まれていく。

一徳はワンアウトで三塁まで進み、内野ゴロの間に思い切った走塁で1点をもぎ取り、またもやPLは土壇場で追いついた。

「おいおいおいおい！　こいつら本当にすごいな！」

「うわぁ！　俺、本当にいいチームメイトと巡り合えたんだ！」

何度この試合で思わされたことだろう。

そして、試合は運命の17回に突入していく。

記憶が唯一ない一球

〝逆転のＰＬ〟の名に相応しい、信じられないような驚異的な粘りで、16回裏に私たちは追いつき、また試合は7対7の振り出しに戻った。

17回。横浜・松坂大輔を倒すために残された時間は、泣いても笑ってもあと2イニングしかない。

先頭打者は四番・松坂。力いっぱい腕を振って投げた初球は、高々と上がったキャッチャーフライに。これでワンアウト。次の五番・キャッチャー小山は、この試合で5安打１ホームランと当たりに当たっている。その初球、綺麗に振り抜かれた打球は、鋭い金属音を残してレフトフェンス際へと飛んでいく。だが、あわやホームランかという当たりを一徳がジャンプしてファインプレー。たった2球でツーアウトとなった。

次のバッターも、一球目ファールのあとの二球目を簡単にショートゴロに打ち取った。

「あれ？　久々に三者凡退？　俺が三者凡退でいいの？」

と思っていた矢先、ショート本橋が一塁へ悪送球してランナーが出塁した。

「まぁまぁ、そうだよな。俺が三者凡退で終わるわけねえしなー」

私はマウンド上で、自分自身に突っ込んでいた。

「本橋、気にすんなよー。別に、このあと俺が抑えればいいんだからー」

そんな感じで、エラーはまったく気にもしていなかった。ランナーを出すのは毎回のことで、慣れていたからだ。

このときだ。

ベンチ内や何人かの野手は、ちょっと嫌な空気を感じたという。

ショートゴロを打った瞬間、これでチェンジだと思ってみんながベンチのほうへ戻りかけたところに、「あーっ！」と悪送球。ベンチでは嫌な雰囲気だなと思ったらしく、伝令あるいはタイムを取ろうという空気もあったそうだが、なぜかタイミングを逸してしまい、なんとなくそのままプレーを続行する形となった。

その直後、初球だった。

七番・常磐良太の放った打球は、右中間スタンドへと吸い込まれていった。

実は、私はエラーから次の一球を打たれるまでの記憶が薄い。

この１４１球目だけは、記憶が唯一ない一球だ。ストライクを取りにいったのか、様子を見にいったのか、どういう意図を持って投げた一球なのか、この一球だけは記憶がないし、いまだにわからない。それまでの１４０球は、何かしらの意図を持って一球一球投げてきたのに……。

定められた運命に吸い寄せられるかのように

断片的にだが、ボールを投げてからの記憶はある。

覚えているのは、投げた瞬間に「まずい！」という感覚があったこと。

投げたボールがスローになって、振り出したバットとボールがうまく一致するのが、ゆっくりと見えたこと。

ボールが当たった瞬間に、「あ――！」となって、その時点でやられたと思ったこと。

パッと振り返って打球の行方を追うと、青空の中を白いボールが飛んでいき、ライトスタンドに入っていく映像がスローモーションのように見えたこと。

だが、後にこのときの映像を見て、私の記憶というかイメージが違っていたんだということも知った。

私の感覚では、ホームランを打たれた瞬間、自分は立っているイメージだった。立ったまま悔しがっていると思っていたのだが、映像を見てみると私は膝から崩れ落ちている。

私には、崩れ落ちて片膝をついて座った記憶がまったくない。人間思いもよらないショックなことが起きると、膝の力が抜けるという話を聞くが、私は自分の映像を見て、「ああ、こういうことなのか……」と思ったほどだ。

この一球に関しては、エアポケットとでもいうのだろうか。あの時点でゴールが決まっていて、その定められた運命に吸い寄せられたような感覚だ。

私は、ランナーを背負うことは毎回経験していたので、「あぁ、いいよいいよ」と気にも留めていなかった。いま自分が置かれている事態の重みとか、いまから悪い流れになっていくという危機感とかを、みんなが思っていたり知らせようとしてくれたりしていたのに、私は気付けなかった。

また、ベンチも時間を止めるタイミングを失ってしまった。

一方で、ホームランを打った常磐は、松坂に向かって「俺が決めてくる」と言ってから打席に入っていたという。

私たちPLがマイナスの連鎖に陥っていたところに、横浜の底力、いわゆる松坂が持っているプラスのパワーが合致したことで、吸い込まれるようにみんなが決められたゴールに向かっていったのだ。

そして、私たちは横浜・松坂大輔に敗れた。

第6章

松坂世代とのふれあい

〝俺の横浜〟の無様な姿は見たくない

だが、この横浜戦は、言葉にできないほどの充足感を私に与えてくれた。

試合中に勝ち負けを忘れてしまうほどだったので、延長17回でＰＬが負けたときも、私の中では〝負けた〟ではなく、幸せな時間が〝終わった〟という感覚だった。

野球をやってきて、こんな風に勝ち負けの概念を超えるものが湧き出てきたのは初めてのことだ。

試合が終わって、

「勝った横浜に涙があり、負けたＰＬに笑顔があります」

という実況の方の名台詞があったが、私はやり切った感から自然に笑っていた。

中には泣いている者もいたので、もしかしたら私の感覚は、松坂大輔と投げ合った者にしかわからないものなのかもしれない。

だが、私以外にも、誇らしげに胸を張って、

「俺ら、できたぞ！」

と思っている仲間がいたのも事実だ。

横浜戦が終わった次の日、私は実家に帰った。

近くのお好み焼き屋に行くと、ちょうど横浜対明徳戦の中継がテレビから流れていた。チラッと見ると終盤で、5対0か6対0で横浜が負けていたので、すぐさま私は「テレビを消してください」と言ったのを覚えている。

「俺の横浜が負けてるところは見たくない」

「俺の横浜の無様な姿は見たくない」

という思いからだったが、私の中で横浜は〝俺の横浜〟になっていた。

もう惚れた女のような感覚だった（笑）。

テレビを消してお好み焼きを食べていると、誰かから電話がかかってきて、「横浜がすごいことになってる」と言われ、急いでテレビをつけた。すると8回終了して6対4になっていて、そこから奇跡の9回サヨナラの逆転劇へとつながった。

PLの他のチームメイトは甲子園に行って横浜を応援していた。私も誘われたが断った。あれだけの充実感や幸福感を抱いた試合を、そのまま昨日の甲子園に残しておきたくて、どうしても行く気になれなかった。

行ってしまったら、甲子園での夢のような横浜との思い出が、上書きされそうで嫌だったからだ。

ＰＬのエースたる者

延長17回の決勝2ランホームランのせいで、私は打たれているイメージが強いようだが、実は甲子園での防御率は1点台で、それほど打たれていない。

自分のピッチャーとしての特性は、純粋に球威やキレがある云々《うんぬん》ではなく、なんとなく試合をまとめていく力があるという部分だと思う。

おそらく、

「上重だったら調子の良し悪し関わらず、試合をある程度まとめてくれる」

という評価をしていただき、エースナンバーをもらえたんだと思っている。高校野球では計算できるピッチャー、ちゃんと試合を作れるピッチャーというのはとても大切だ。完封もあるけど10失点もあるピッチャーは、やはりエースとはいえない。

ＰＬの背番号1番を任されているからには、安定したピッチングをしなくてはいけないというのが、常に頭の中にはあった。だから、仮に先頭バッターを塁に出しても「ホームには絶対還さなければいいんだ」という思いで、私は投げていた。

常に勝ちに直結するピッチングをしなきゃいけないという意味では、メジャーで採用されているクオリティ・スタートという考え方に似ているかもしれない。

クオリティ・スタートとは、先発投手が6イニング以上を投げ、自責点を3点以内に抑えることで、先発の安定感を示す指標だ。高校野球の場合は、6イニングどころか9イニング完投という考えが基本にあるので、さらにハードルは高くなるのだが……。

横浜戦では9対7で敗れ、そのうち私は5失点(自責点3)しているので大きなことは言えないが、PLのピッチャーは完投して絶対に2点以内か、最悪でも3点までに抑えなければいけない、といまでも思っている。

そうするためには、仮に私のピッチャーとしての実力が100なら、PLのエースたる者、常に80~90の力を出さなければならない。PLのピッチャーで、「この間の試合の出来は100点だったけど、今日は50点だった」は、ありえないし許されない。常に80~90点のピッチングをしていないと、PLの背番号1を背負う資格はないと私は思っていた。

これがプロ野球だと、100点と50点の繰り返しでも10勝10敗となり、それなりの評価になるのかもしれない。

でも高校野球は一発勝負だから、10敗どころか1敗すら許されないのだ。

選ばれし星の下に生まれた男

1998年の夏の甲子園は、松坂大輔の大会として注目され、その通りになった。

プロの脚本家でもこんな台本は書けない。いや、プロは逆にこんなできすぎた台本は恥ずかしくて書けないというくらい、あまりにもドラマチックな試合の連続で、劇的な幕切れとなった。

準々決勝は、私たちPL学園との〝延長17回〟の死闘。

準決勝の明徳義塾戦は8回裏、6点差からの大逆転劇でサヨナラ勝ち。

決勝の京都成章戦は、ノーヒットノーランで優勝。

そもそも夏の甲子園は第80回という節目の記念大会で、春も70回の記念大会。このふたつの記念大会で横浜・松坂大輔は春夏連覇を遂げたことになる。

夏の甲子園の直後に、高校日本代表を集めて行われた第3回AAAアジア野球選手権大会でも、9月13日の決勝戦は松坂大輔18歳の誕生日で、その試合を自ら先発で投げて優勝投手になった。

「……本当に、おまえすげーな」

このとき初めて、松坂の運の強さというか、選ばれし星の下に生まれた存在なんだなと実感した。

仮に自分の実力で、良い試合に持っていくことができたとしても、日程そのものまでは引き寄せられない。誕生日が決勝に巡り合うこと自体、すごいと思った。

そのAAAアジア野球選手権の日本代表メンバーの中に、私も選ばれていた。私たちの代のピッチャーは、松坂大輔を筆頭にプロ級の選手が大勢いたので、私はメンバーに選ばれるなどとはまったく思ってもいなかった。実際7人選ばれたピッチャーのうち、私以外の6人はすべて後にプロに進んでいる。

そんな中になぜ私が選ばれたのか。聞いた話では、

「国際試合だとアウトコースが広いので、そのアウトコースの真っ直ぐとスライダーは武器になるから、上重は入れるべきだ」

と、選考委員をされていた箕島高校の名将、尾藤公さんが私のことを推薦してくださったそうだ。

PLからは私以外に四番の古畑和彦と、2年生の田中一徳の二人が選ばれていた。錚々《そうそう》たるメンバーの中に一徳は2年生で入っていたのだが、私は間違いなく選ばれるだろうと思っていた。一徳は足は速いし、守備は使えるし、あれほど高校野球の一番バッターに適した選手はいない。一番でも二番でも、高校野球の理想形のような選手だったからだ。

間近で見た異次元の怪物

宿舎では、私は松坂大輔と二人部屋で一ヵ月弱過ごすこととなった。

代表メンバーを率いていたのが、ＰＬを勇退された中村順司監督だったので、おそらく監督の計らいでそういう部屋割りにしていただけたんだと思う。中村監督は私にチラッとこんなことを言っていた。

「いろいろ盗めよ～」

本当に、貴重な機会を与えていただいたと感謝している。

松坂と同じ部屋になっていろいろ会話を交わし、普段の行動や生活ぶりを見ているうちに、

「この男は俺たちとは次元が違う……」

ということを何度も思い知らされた。

試合に向かうバスでのことだ。松坂は自分が先発で投げるのに、普通にコーラを飲んでいた。私たちＰＬのメンバーは、

「何かを得るためには、何かを我慢しなきゃならない」

そういう桑田さん的な教えや生き方を刷り込まれていたので驚いた。

だが松坂は、

「俺はコーラも飲むし、スナック菓子も食べるよー。そんなの関係ないっしょ。だって自信があるもん」

と言ってのけた。

「緊張とかしないの？」

と聞くと、

「いや、緊張しないよ」

「だって俺、普通に投げれば打たれないし、調子が悪くても抑えられるから」

とも言っていた。この言葉を強がりでもなんでもなく、嘘偽りのない感じでサラッと言えるところに、松坂大輔の本当のすごさを見た思いだった。

私たちは何かを我慢することが自信につながり、実力のなさをそれでカバーしようというやり方だったが、松坂の場合は異次元だった。

ブルペンでも衝撃を受けた。日本代表が集まってすぐの頃、私は松坂大輔、新垣渚、杉内俊哉という豪華メンバーの中に混じって、4人でブルペンで投げることになった。後ろには席がたくさん用意されていて、プロのスカウトとおぼしき人が大勢座っていた。

甲子園が終わって間がなかったので、最初に松坂は、

「8割くらいで行きまーす」

と言って一球目を投げた。みんなが「8割かぁ」と思いながら見ていると、そのボールが凄まじい。私は「おおーい！　8割で俺の全力を超えるなよ！」と心の中で突っ込んでいた。そして、「自分も8割で行きまーす」と言いながら思いっ切り投げた。おそらく私はすごい形相《ぎょうそう》で投げていたと思う（笑）。

夏に横浜・松坂大輔に敗れたが、この全日本の合宿ではなんとか松坂に食らいついて、あ

わよくば並んでやろうという意気込みでやっていた部分もあった。

だが間近で直接、松坂のボールや考え方、存在そのものに触れたことによって、私は完全に負けを認めた。

集結した黄金の松坂世代

この全日本の合宿には、松坂、新垣、杉内以外にもすごいメンバーが集まっていた。まさしく選ばれし男たちという感じで、みんながプロに近い存在だった。私の中には、自分もその中に入ることができたという嬉しさと、この選りすぐりのメンバーが揃ったらどんな風になるんだろうという楽しみがあった。

合宿に参加して思ったのは、一人ひとりが個性やストロングポイントを持っているなということだ。

松坂と新垣は真っ直ぐはダントツで、目を見張るものがあった。

杉内のカーブは落差が大きくて、一回浮いてから縦にストン！　と落ちる。一瞬視界の中で上に上がって、気付いたらストン！　と落ちていくカーブなんて、あまり見たことがない。杉内と初めて対戦して、あのカーブに対応できる者はまずいない。外国の選手と戦う短期決戦では、すごく活きてくると思った。

打球の飛距離に関しては、松坂が一番遠くに飛ばしていたように思う。だが、村田修一（現読売ジャイアンツ）の右中間方向への飛距離はすごかった。「うわぁ、やっぱ違うな〜」と思ったし、東出輝裕にしても、フィールディングからスローイングの足の運びとか、バッティングの器用さみたいなものはPLにはいないタイプで、「あぁ、こういう選手もいるんだ〜」という印象を受けた。

それぞれが、何かしらの武器やキラリと光るものを持っていた。

投手陣が外野を走ったりしているときに、バッティング練習でみんな気持ちいいくらいにポン、ポン、ホームランを打つので、見ていて気持ち良くて面白かった。

そういう高いレベルの選手ばかりだったので、変な話バットとグローブとボールさえあれば、すぐにつながれるといった感じで野手の連携もスムースだった。みんなが意気投合するのも早かったし、仲間意識も強かった。

だから、関西の大学チームと練習試合をしたときも、

「大学生のみなさん、こいつらすごいですよ」

「打てるかなぁ、俺らのボールを……いやいや、俺は投げないけど（笑）」

と、すごいやつらを引き連れている感覚で、自分が大きくなったような気になっていた。

ＡＡＡアジア野球選手権大会が開幕したが、私たちは負ける気がしなかった。たとえ先制

されていようとも、打撃陣がなんとかするだろうと思っていたし、特に松坂が投げている試合は絶対に負けないと信じて疑わなかった。

実際、全日本は1次予選、2次予選を6戦全勝で通過した。

私もオーストラリア戦ではリリーフで投げたが、迎えた準決勝の中国戦は先発でマウンドに上がることとなった。この試合で私は4回を投げて被安打2、三振6、失点0にまとめ、バトンを杉内に渡した。その後は村田と新垣につないでいく豪華なリレーで、10対0と快勝した。

決勝のチャイニーズタイペイ戦の先発は、もちろんエース松坂大輔。松坂は完投して2対1で勝利。日本は全勝優勝となった。

この大会の海外からの出場選手の中には、台湾の郭弘志《かくおうし》や、韓国の白嗟承《ぺくちゃすん》もいた。二人とも後にメジャーに進む投手で、郭はロサンゼルス・ドジャースに行き、台湾出身の選手として初めてメジャーのオールスターにも出場した。

白はシアトル・マリナーズに入った。AAAアジア野球選手権の当時は、MAX153キロの直球と鋭いスライダーで、松坂よりすごいという触れ込みだった。

私は国際試合の経験が初めてだったので、

「海外にはどんな選手がいるんだろう?」

「松坂大輔を超えるような選手が、もしかしたら世界にはいるんじゃないか?」

という思いも持っていた。

だが、郭にしても白にしても、いいピッチャーだなとは感じたが、松坂のほうがすごいと思った。

最初に松坂を見たときに受けた衝撃を、超えるような選手はいなかった。

超一流投手たちとの宝物のようなふれあい

松坂世代は、松坂大輔を筆頭に多くの好投手を輩出してきた。

一流のピッチャーにはそれぞれの特徴があり、必ず何かしらの秀《ひい》でた部分があるものだ。

藤川球児（元テキサス・レンジャーズ）は、高知商2年生のときにピッチャーとして甲子園に出場している。お兄さんがキャッチャーだったので、兄弟バッテリーとして話題になっていた。

3年生のときは寺本四郎のいた明徳が春夏甲子園に出たので、藤川のピッチングを間近で見たことはないが、藤川の場合はボールのスピン量だと思う。スピン量が桁違いに多いため、バッターからするとボールがホップしているように見える。あれだけ縦に綺麗にスピンを掛けられるピッチャーはなかなかいない。

普通ピッチャーがボールを握るときは、人差し指と中指の間を空けて握るものだが、藤川は閉じて握っている。そうすることで綺麗にスピンが掛かる。

藤川は縦に綺麗なスピンを掛ける、一番の名手だと思っている。


松坂世代最後の大物と言われた久保康友は、大阪の関大一だったので高校時代に何度か対戦している。久保もＡＡＡアジア野球選手権の日本代表メンバーに選ばれていたが、その頃肘を痛めていて、大会での登板機会はなかった。

２０１４年シーズン、久保の最終登板日に東京ドームで会って話をする機会があった。その時点で、阪神タイガースのメッセンジャーが13勝で、ＤｅＮＡベイスターズの久保は12勝と、最多勝を争う位置にいた。そのときに、久保が面白いことを言っていた。

「どう、調子は？」

「ようやく、どうしたら相手を打ち取れるかっていうのがわかってきた。ボールがどうこうじゃなく、打ち取る術というのがわかってきたから、もうちょっとできると思う」

「じゃあ、おまえ最多勝を獲れよ」

「いや、最多勝を獲ったら、次の年に最多勝ピッチャーが何勝したかっていう目で見られる。もう俺はベテランと呼ばれる年齢だし、あまり目立たずのびのびやりたいんだよ。少しでも長く現役を続けたいから」

久保らしいと思った。久保は頭がいいし、技術や間合いといったもので抑えていくピッチャーだ。ボール自体に威力がなくても、自分の中で打ち取り方の方程式のようなものが見えてきたんだろう。こうも言っていた。

「そのやり方で投げれば、6回、7回投げて2失点くらいのピッチングができると思う」

このとき、久保のクレバーさを感じると同時に、私は恵まれているなとも思った。

高校時代に、ある意味高いところで野球をやらせていただいたので、他の記者には言わないことも私には教えてくれる場合がある。そこで聞く話というのは私にとっては財産だし、「あぁ、プロになると、こういうことを考えているんだ……」と勉強になることが多い。

こんなこともあった。第2回WBCのときのことだ。松坂に呼ばれて焼き肉屋に行くと、そこには錚々たるメンバーが揃っていた。

ダルビッシュ有（現テキサス・レンジャーズ）、岩隈久志（現シアトル・マリナーズ）、田中将大（現ニューヨーク・ヤンキース）、内海哲也（現読売ジャイアンツ）……WBCのピッチャー陣の決起集会のような集まりだった。

完全に特権で、そのときも松坂や他のみんなにいろんな話を聞いた。

そういう宝がいっぱい集まっているところで交わされる会話の中には、いろんなヒントやきっかけになる何かがたくさん詰まっているので、すごく人が伸びていく機会だと思う。AAAアジア野球選手権の日本代表メンバーと過ごした日々も、同じような感覚だった。

一流のバッターとは

松坂世代と言えば、杉内俊哉、和田毅（現シカゴ・カブス）、藤川球児、久保康友、木佐貫洋（現日本ハムファイターズ）、新垣渚、多田野数人、館山昌平（ヤクルトスワローズ）、寺本四郎、村田修一、東出輝裕……高校時代、ピッチャー出身者だけでもこのくらいはすぐに名前が出てくるが、それこそ枚挙に暇がない。

では、高校時代に松坂と渡り合えたバッターはいるのかというと、私の記憶ではいない。いまのプロ野球界で、松坂世代を代表するスラッガーの村田修一も、高校時代には松坂から打っていないと思う。

私の目から見ても、「うわぁ、このバッターすげえー」というほどの衝撃を受けた選手はいない。これは申し訳ないのだが、どうしてもピッチャー松坂大輔を基準にしてしまうので、松坂に受けたほどの衝撃を感じたバッターはいないということだ。

いいバッターだなと感じる選手は何人かいた。

村田は高校時代はピッチャーでもあったが、甲子園の右中間へのホームランを見たときに、「こいつはバッターになったらすごい選手になるかもしれないな」と思った。

高校生で反対方向にあれだけ飛ばせる選手はなかなかいない。ピッチャーを続けていくと一流にはなるかもしれないけど、バッターだと超一流になる可能性がある。村田はバッターで大化けする可能性を秘めているなと感じていた。

村田自身も、高校時代に松坂大輔のピッチングを見て、「あそこまでになるのは無理だ」とピッチャーは諦めたと言っていた。

横浜の打線もいいバッターが並んでいたが、中でも松坂は嫌だった。アウトコースに投げた、一番いい会心のスライダーをちょこんとライト前に持っていかれたときの「おい！ そのボールを打つのかよ」というショックは大きく、忘れられない。

野球の取材で、ピッチャーによく質問することがある。

「一番ショックなときと、この選手は本当にいいバッターだなと思うのはどういうときですか？」

すると、大体同じ答えが返ってくる。

「自分がこれは絶対に打たれないというボールを打たれたとき」

それがホームランかヒットかは関係なく、「そこ打つの!?」というときのピッチャーの衝撃はすごく大きい。自分の頭の中で、「これは打ち取った！」という思いと結果の違ったときが一番ショックで、そういうバッターは認めてしまうものだ。

私はバッター松坂大輔にも、そういう部分を感じた。

最近、松坂に聞いて驚いたことがある。高校2年生の頃まで、この先バッターで行こうと思っていたというのだ。私はびっくりして「ええ～!?」と思わず声が出た。バッティングが好きだったし自信もあったのだろう。確かに飛距離もバッティングセンスもあった。

松坂は、さらに続けてこうも言った。

「ピッチャーでは、そこまですごくなれるとは思っていなかった」

私は言葉を失った。

これは私の持論だが、良いピッチャーというのは、自分が投げる最高級のボールをいつも見ているから、バッターになった時、自分より劣るボールを打てるんじゃないかと思っている。超一流のボールを常に見ているので、バッターボックスでも反応できるのではないかということだ。

だから、超一流投手だった堀内恒夫さん（元読売ジャイアンツ）も江川卓さんも桑田真澄さんも、みんなバッティングは良かった。現役の選手を見ても、球界を代表するピッチャーである前田健太、大谷翔平（現日本ハムファイターズ）両投手もバッティングが良い。

ほとんどがセリーグのピッチャーで、パリーグの大谷投手も、バッティングから離れていない。バッティングから離れる時期があると打てなくなると思うのだが、そういうブランクがない限り、超一流のピッチャーはバッティングも一流なのではないかと私は考えている。

プロに行ける行けないの基準

これは単なる戯言《ざれごと》だが、正直、私がプロに行ってたら行ってたで、なんとなくできていたかもしれないという思いがあるのも事実だ。

私の長けている部分は、適応力や順応力だと思っている。爆発的な力量はないが、その場その場でうまく適応、順応していく能力はあるように思うので、プロに進んでいたらそれなりにやれたかもしれない。

では、最多勝だとかチームのエースになれたかというと、冷静に考えるまでもなく、そこまでの自信はない。うまくいけば6～7勝はできたかもしれないが、15勝、20勝できるピッチャーにはなれない。ただ、帳尻を合わせるのは得意なので、もしかすると息の長い選手になっていた可能性はあるかもしれない。

だが、高校卒業時に、私はプロを視界に捉えてはいなかった。

やはり、松坂大輔を見てしまったのが大きい。プロに行ける行けないの基準が、松坂になってしまったからだ。

「あいつなら、あの実力ならたぶんプロでもやれるな」

という思いが自分の中にあって、松坂の立っている場所まで行くか、せめて松坂に近いレベルにいないと、プロに入ってもやっていけないんじゃないかと考えていた。

実際に松坂はプロ入り後、高卒新人として1年目から16勝を上げて最多勝を獲得。そのまま3年連続で最多勝を獲るほどのピッチャーだったので、そんな存在を間近で見てきた私の頭の中に、プロに進むという選択肢はまったく浮かんでこなかった。

他の学年だと、世代トップのレベルが低い場合は基準が下がることもあるようだが、私たちの世代のトップは松坂大輔、怪物である。おかげで、みな高校時代は松坂に近づこうと目標にしていたし、逆に卒業時には勘違いすることなく、プロに行かない者もたくさんいた。そしてプロに進んだ者たちは、活躍することなく終わったという選手は少なくて、35歳という年齢でもいまだに現役で活躍している選手が多い。

当然の話だが、良くも悪くも松坂大輔の影響力は強かった。

まさに松坂は太陽だった。強烈な光を放ち、ものすごい熱量を発して中央に君臨し、我々はその周囲を回っている惑星。太陽に近づきたいが熱いし、眩しい。それでもなんとか近づこうとみんなが思い思いの距離感を探っていて、

「もっと近づけたら、松坂みたいにプロでも活躍できる」

という感じだった。

私なんかも太陽のまわりを周回している間に、大学2年で完全試合をしたり、シーズン5勝をしたりと、それなりに近づいたと思えるときもあった。だが、また太陽から離れていっ

たりして、そんなことをずっと繰り返していた。

常に中心には松坂がいる。他の松坂世代のみんなも同じ考えだと思う。これだけ明確な年代は、他にはなかなかないと思う。

松坂大輔が引っ張る先頭集団

日本人の一番好きな構図は、一人の強い人間がいて、なんとか倒そうとしてそれに立ち向かっていく形だ。

例えば、大横綱大鵬さんや千代の富士さんに、その時代時代でみんなが立ち向かっていく構図というのは、見ている人たちに一番わかりやすくて思い入れも生まれ、日本人が最も好きな展開だと思う。

私たちの世代は、〝松坂大輔〟という何十年に一度現れるか現れないかの巨星がいて、そこにみんなが立ち向かっていく構図だった。だから見ている方たちも楽しめたのではと思うし、やっている本人たちも松坂大輔という明確な目標があるから、そこに到達するために必死な日々を送り盛り上がった部分はある。

私たちからすると、すごくシンプルだった。

「松坂がいて、そこを目指す！」

「あいつに近づきたい！」

「あいつを追い越したい！」

という非常にわかりやすい構図のため、頑張りやすい環境にあった。松坂世代のいいところは、そこだと思う。

私たちの代で、「俺は松坂大輔に負けてないよ」と思っていた人間は一人もいないはずだ。潔く負けを認めて、じゃあ松坂に勝つためにはどうすればいいのか、近づくためにはどうすればいいのかを必死に考える。

一度は完全に負けたと認めない限り、決して前には進めない気がする。

私は一度、新垣渚に「松坂のことをどう思っているのか」と聞いたことがある。高校時代に松坂と同じく150キロ超のボールを投げられたのは、新垣しかいないからだ。返ってきた答えはこうだった。

「いやいや松坂は別格。もう全然違うから」

スピードという一点で、松坂と張り合えた唯一の男がこう言うのだから、我々の同級生で「松坂に負けた」と思っていない者はいないと思う。杉内俊哉にも聞いたことがあるが、松坂のことは完全に認めていた。

松坂大輔の力を認める、認めないという言い回しですら私の中ではしっくりこない。もう認めるのは当たり前で、松坂は比較対象外。そのくらい飛び抜けた存在だった。

マラソンに例えると、先頭の松坂が世界新のペースで引っ張ってくれているので、みんなもつられて必死に付いていったようなものだ。だからいわゆる松坂世代の中でも、特にピッチャーに良い選手がたくさん生まれたのかなと思う。

松坂が先頭を走り続けてくれることによって、わかりやすい目標が目の前にある。高校時代は先頭集団から離れていたのに、大学や社会人に行って伸びてきた好投手も何人かいるが、やっぱり松坂の存在が大きいと感じる。

私の場合は、松坂を先頭とした集団になんとか付いていってたのだが、途中でレースを棄権して、中継車に乗ってそこから実況をし始めたといった感じだ（笑）。

野球を諦めて違う世界に進むと決めたときも、遠からず松坂や野球から離れない職業って何だろうと漠然と考えていた。野球と訣別したにも関わらず、やっぱり野球に関わっていたい、松坂に認められたいという思いがあったからだ。

私の中では、横浜対ＰＬの延長戦がまだ続いている。野球というステージから私は降りたけど、人生というステージは続いていて、松坂との勝負はまだついていない。勝負がつくのは最後に棺桶に入るときだといった話を、松坂とはよくしている。

松坂大輔の一番すごいところ

センバツで負けたあと、夏の前あたりだったか片岡篤史さん（元日本ハムファイターズ）と立浪和義さんがＰＬを訪れてくださった。監督から何か声を掛けてやってくれと頼まれて、片岡さんが、

「松坂がすごいんか知らんけど、おまえら同級生やろ？　同級生に負けて恥ずかしくないいんか？　悔しくないんか？」

「はい……」

（でも片岡さん、ホンマにすごいんですよ！）と心の中で思いながら、片岡さんの叱咤激励を聞いていた。

そして、松坂大輔のプロデビュー、初登板の日本ハム戦。真ん中高めの１５５キロを片岡さんが空振り三振したのを見たとき、

「片岡さん　ほら！　すごいやろ！　大輔すごいやろ！」

と、瞬間的に心の中で叫んでいた。

本当は、ＰＬの先輩である片岡さんを応援しなきゃいけないのだが、ある意味、松坂のファンでもあったのだろう。自分たちの世代で一番すごいカードを切ってみせて、「ほら！

すごいだろ！」と自慢したいような思いだった。

では、なぜそこまで松坂大輔がすごいと思うのか。

改めて思うに、松坂の一番のすごさは、高校2年の秋季大会以降、一回も負けなかったことではないだろうか。これは長い高校野球の歴史において、いまだかつて誰も成し得ていない。それは〝昭和の怪物〟江川卓さんでもできなかった。

もちろん、チームが負けないということは松坂だけの力ではないが、負けないピッチャーこそ一番の理想だ。過去に甲子園で春夏連覇しているチームでも、練習試合等どこかで負けているが、センバツが決まる秋季大会以降、横浜高校は一回も負けなかった。

先日、横浜でコーチを長年されていた小倉清一郎さんの記事を読んだのだが、「無敗だったというのは、今後100年以上破られないいんじゃないか。それぐらい自信を持って言える」といったコメントが掲載されていた。

それを見たとき、「確かにそうだな。負けないチーム、負けないピッチャーってすごいな」と改めて思った。

大谷翔平投手は、高校3年夏の県予選準決勝で160キロを投げたが、決勝では敗れて甲子園出場を逃している。160キロを投げられること自体すごいことだが、野球は最後に勝つということが一番大切だ。

そういう意味では、負けないってすごいなと、単純にそう思う。

なぜ立教大学を選んだのか

怪物・松坂大輔を知ってしまった私は、大学進学への道を選んだ。

志望校を立教大学に決めた理由はいくつかある。

ひとつは、ＰＬとは違う環境で野球をしてみたいという思いだ。先輩後輩の上下関係の厳しい野球は、ＰＬの３年間で十分に経験したので、大学での４年間は違う価値観の野球に触れてみたいと思っていた。

甲子園で活躍した、いわゆる野球エリートだけが集まるような強豪大学ではなく、受験勉強や浪人して入ってきたり、その一方では甲子園に出場した者もいたり、そんないろんな価値観の人間が集まったところで野球をやったらどんなだろうという興味があった。

また、いま考えると単なるうぬぼれに過ぎないのだが、当時の立教は六大学リーグの中で東大に続いて下から二番目だったので、弱いチームに行って自分の力で変えてやる、強くしてやる、優勝してやるといった思いもあった。

そしてもうひとつ。私の中に受験勉強に対する憧れのようなものがあった。これも笑われるような話かもしれないが、図書館に行って本を並べて受験勉強をしてます、追い込みをやってますみたいな姿が、ちょっとかっこ良いなと思っていたのだ。

他の大学の場合は、野球推薦のような形で入学することができる。高校入学のときも、ある意味名前さえ書けば合格するといった感じだったので、このままだと人生の中で一生懸命受験勉強をするという経験ができない。

だが立教だけは違った。その当時は英語と小論文の試験があった。一応推薦入試という形ではあったが、甲子園の優勝も、百人一首の全国チャンピオンも、3年間生徒会にいたという者もみな一律の評価だから、英語と小論文の試験が勝負。

この点数が悪いと不合格になるのだ。

いまはアスリート推薦というシステムがあり、甲子園のベスト4以上だと無条件に何人か入れると聞いたが、私たちの頃はそんなものはなかった。だから実際、同級生やPLのふたつ下の後輩で甲子園に行った人間も落ちていた。

六大学はみな受験日が同じだったので、立教に落ちると他の大学の2部に行くか、社会人野球に進むという選択肢しか残されていない。だから私は、もう絶対に受からなきゃいけないと思って受験勉強に取り組んだ。結果的に私は立教大学に合格することができたのだが、これは母親のおかげでもある。

前にも述べたが、私は小1からECCに行き、小3から野球と平行して塾に通う生活を7年間続けた。19時に練習が終わって、家に急いで帰っておにぎりひとつ食べて塾に行き、22時くらいまで塾で勉強して帰るという野球と勉強の両立の日々は、肉体的にも精神的にもしんどくて嫌だった。

だが、母親がそういう環境を私に与えてくれたことが、立教合格につながったし、現在のアナウンサーという職業にもつながっているのは間違いない。

あの7年間は本当に辛かったが、いまでは母親にすごく感謝している。

第7章

初めて親の前で号泣した夜

また現れた厄介なライバル

無事に立教に入学できたのはよかったが、野球部に入ってすぐに「失敗したな」と思ったことがある。

それは、本格的な受験勉強を始めてからの2ヵ月間、野球から離れていたことだ。

英語ができないと落ちると聞かされていたので、私はほとんど練習に出ることはなく、授業や図書館で英語の勉強ばかりしていた。

まずは、とにかく大学に合格しなきゃいけないし、落ちたら恥ずかしいという思い。

3年生の他のみんなは練習に出ていたが、自分は図書館に行って本を積み上げて受験勉強している姿が、俺だけちょっと違っていてかっこ良いという思い。

高校日本代表に選ばれたことをどこかで過信していて、1ヵ月や2ヵ月練習しなくても取り戻せるだろうという思い。

だから、行き詰まったらたまに練習に出たり、気分転換で走ったりといった程度で、キャッチボールもほとんどしていなかった。

だが、2ヵ月間のブランクのツケは大きかった。春を迎えて、私の実力はかなり落ちていたのだ。

立教には、夏の甲子園で投げ合った八千代松陰の多田野数人も入ってきていた。甲子園では私がたまたま勝ったが、多田野の実力は認めていたので、ちょっと厄介なライバルだなと思っていた。

それで、実際に多田野のピッチングを間近で見ると、3年夏よりさらに良くなっていて、「こいつ、手強い!」という感じだった。

とにかく多田野はコントロールが良い。変化球、ストレートともに標準以上のレベルだし、牽制もうまい。大学では、相手の嫌なところや苦手なところを突いていくという野球に変わってくるのだが、そういう部分にも対応できる。

弱点がなく、総合的にバランスの取れた良いピッチャーだった。

多田野本人にも聞いたことがあるが、高校時代は勉強もしていたし、3年夏以降も練習を欠かさずやっていたそうだ。その後の大学での生活を見ていても、多田野はきちんと自分で設計を立てて練習をやるタイプだった。

私の実力は落ち、多田野の実力は伸びている。

大学に入った時点で、二人の間には大きな差が開いていることを痛感した。

私は、中学3年夏にボーイズを引退してからの半年間、まわりに追いつけ、追い越せで必死に自分を追い込んだ。そして高1の春に見事その成果が出たのと、まったく逆のパターンになった。

奇しくも、私は両方の立場を経験することになってしまったのだ。

春と秋で極端に変わった立教の野球

1年春、六大学のリーグ戦で私はメンバーには入ったものの、いきなりチームは8連敗。東大に2勝しただけで、2勝8敗の5位に終わった。

立教の成績はいつもそんな感じだった。東大以外の4校には、いい勝負はするのだが勝てない。負けるのが当たり前とは言わないが、負けても「くそー!」と思っている人はいなかった。

私は、いままでの野球人生で8連敗などしたことがなかった。

だが、5連敗以降はまわりの様子に同化してしまった。試合に負けても「あーあ、負ーけた」という感じで、悔しさも湧かなかった。

「あれ、俺、いままで十何年間の野球人生で、負けたら人一倍悔しがったりしていたのに、負けても『あぁ今日負けたなー』で普通に帰っていくんだ……」

負けに対して何も思わなくなっていることに、私は怖くなった。

一番怖いのは、負けに慣れている環境にいると、そんな風になっていることにすら気付かないことだ。

「負けたかー、でもしょうがないなー」

そんな感じで、感覚が麻痺してくるのだ。


しかし、春のリーグ戦が終わって変化が生まれた。

秋で4年の任期が終わる手島晴幸監督が、ラストシーズンを前に大改革を施したのだ。

「いまのチームを解体し、1年生だろうと4年生だろうと、学年関係なく実力主義でいく」

そういう方針を打ち出し、A、B、C、Dと4つのチームに分けて毎日のように紅白戦を行い、その成績でメンバーを選ぶというやり方だった。

紅白戦だけではなく、練習試合でも成績をきちんと書き出し、寮の一番目立つところに貼り出してあったので、4年生であろうと数字を突きつけられると納得せざるを得なかった。

やはり野球というのは、数字がものを言う世界だ。

投手起用や試合の進め方も、

「目の前の勝てる試合は、すべて勝ちを取りにいく」

という形に変わった。

ピッチャーは3年生の上野裕平さん（元読売ジャイアンツ）と多田野が二枚看板。

この二人の実力が抜けていたので、基本的には一戦目、二戦目を上野さんと多田野が先発で行く。だが、例えば7回8回まで勝っていて、多田野がもう持たないようなら、前日投げた上野さんがリリーフに立つ。逆に上野さんが危なくなったら、翌日先発の多田野をマウンドに送る。以前は先のことも考えて、こういう起用をすることはなかった。

この二人なら、大体2点以内に抑えてくれるので、攻撃も目の前の1点を確実に取りにいく野球に変わった。スクイズもする、四番でも送りバントをする。高校野球のように、とにかく勝負に徹して、取れる試合は、絶対に取りにいくというやり方だった。

この野球が功を奏し、ほとんどの試合が2対1とか1対0とかの僅差で、立教はトントン勝ちを積み上げていった。そして、9年ぶり12度目の優勝を決めた。

春は〝なんとなく野球〟みたいな感じだったが、秋は〝名門高校のような野球〟にいきなり変わった。

2季のうちにそれぞれ両極端な野球を経験し、私は不思議な感覚だった。

病んでいった私の心

9年ぶりの優勝ということで、オープンカーで立教通りをパレードしたりして、周囲は大いに盛り上がっていた。

だが、私はちっとも嬉しくなかった。

春のリーグ戦ではちょこちょこ投げたが、秋は一度も投げていない。

こんなこともあった。試合中にブルペンで投げているときのことだ。監督に「上重、来い！」と呼ばれた。「おっ！　いよいよ出番かな」と思っていたら、「バット振れ！」と言われ、いきなり代打で出された。

屈辱だった。

「自分はピッチャーだ」

結果は残していなかったが、そういう思いが私の中にはあった。だから、しっくりこないまま打席に立ったのを覚えている。

秋のリーグ戦では、結局この1試合に代打で出たのみだった。

私はなぜか大学に入ってから、急にバッティングが良くなっていた。これはいまでも理由がわからないのだが、秋のバッティング練習では、立教のグラウンドの100メートルはあるバックスクリーンを越えていったこともある。

そんな当たりは、いままでレギュラークラスの四番の人たちでさえ見たことがなかったらしい。それなのに、いきなりピッチャーの私がそんなに飛ばしたことで、「あいつ、バッティングのほうがいいんじゃないか」という声が上がっていた。

バッティングを評価されていることは嬉しかったが、私の心は複雑だった。

多田野数人と、もう一人は松坂大輔の存在だ。

多田野は1年春から私より一足先にデビューしていたが、秋は優勝に大きく貢献していたので、特にクローズアップされていた。私はというと、代打で一打席のみの出場。また、松坂は1年目から西武ライオンズでエース級の大活躍を続けていた。

「甲子園で投げ勝った相手に、大学では上重が先を越されて負けている……」

「松坂と〝延長17回〟を投げ合った上重は、何をやってるんだ……」

そんな目で見られるし、雑音も耳に入ってくる。

「上重はダメだねー」

と常に言われているようで、辛かった。

松坂とは比べられ、チーム内では多田野と比べられ……。実際、私は二人に負けていたので、比較されることに異常に敏感になっていた。

テレビや雑誌から取材も受けていたが、聞かれる内容は松坂に関することばかりだった。

一度テレビで、こんな映像を流されたこともある。「かつてのライバルは、いま」みたいな特集で、陽の当たる舞台で投げている松坂の姿と、水撒き係だった私が練習グラウンドで水を撒いている姿を、〝明と暗〟の象徴のように使われていた。

この頃から、どんどんどんどん精神的に追い詰められ、私の心は病んでいった。

〝延長17回〟という名の重い十字架

春は5試合10イニングを投げただけで、秋は1試合に代打で出たのみ。春秋ともに0勝。私はまったく戦力になっていなかった。それでも1年生のときは高校時代の名残で、ファンレターだけはたくさん届く。中を開くと「頑張ってください」と書かれてある。頑張っているんだけど結果的に頑張れていないことに、いたたまれないような、申し訳ないような気持ちになる。

さらに、先輩たちから、

「試合に出てないやつが、こんなにもらってよぉ」

「高校時代は良かったよな、おまえは」

そんな目で見られてるんじゃないか……と被害妄想を抱いたり、やることなすこと出来事すべてが自分へのプレッシャーになっていった。

先輩からは、よく飲み会とか合コンに誘われた。その理由は、

「『松坂大輔と投げ合った、PLの上重が来るよ』と言うと、可愛い子が来るから」

いわば私は、客寄せパンダだった。

「俺って何なんだろうな……」

いまの自分が評価されているわけではなく、過去の自分が過大に評価されているので、余計にいまの自分がすごくみじめに思えてくる。

そんな思いが、1年間ずっと続いた。

「まだ1年目だから」と心のどこかでなんとかバランスを保とうとするのだが、1年目から最多勝を獲るほどの活躍をしている松坂大輔の存在が、それを許してくれない。

私は、いろんなことを、自分の中で消化しきれないでいた。

〝延長17回〟の試合は、すごく良い効果を私に与えてくれた半面、ある意味ものすごく重い十字架となって私にのしかかっていた。

これは私だけではなく、おそらく〝延長17回〟を戦ったメンバー全員が背負っている十字架だった。17回表の2死から悪送球をした本橋もそうだし、決勝2ランを放った常盤にしてもそうだった。大学に入ってから、本橋は「またエラーするんじゃないの」と常に野次られるし、常盤は必ずホームランのことばかりを言われる。

解き放たれたいと思うほどの極度のプレッシャーの中で、みんなが野球を続けていかなければならなかった。

私も精神的に相当追い込まれていたが、さすがに死のうとまでは思わなかった。

だが、野球を辞めようというのは何度も考えた。

野球を辞めたら、いまの苦しさから解放されて楽になるんだろうなと思った。

でも、野球を辞めたらもう取り返せない。この現状を打破することができるのは、やっぱり野球しかない。別の道に進んだからといって、十字架から解放されるわけではない。私には、野球でもう一度活躍するしか解放の道は残されていない。だから、もう一度、高校時代と同じような活躍をしなきゃいけないという思いはあった。

私の心には、まだかろうじて火は点《とも》っていた。

さらし投げでイップスに

苦しみ抜いた1年が終わり、「さぁ、やるぞ！」と私は心を新たにしていた。

「2年から頑張れば、まだ時間はある！」

そんな矢先、春のリーグ戦前の日大との練習試合でのことだ。

「今日は、おまえを1回から9回までどんなことがあっても完投させる」

新しく就任した斎藤章児監督に、私はそう言われた。

「わかりました」と言って投げたはいいが、私はその試合で13点も取られてしまった。日大に進んでいた村田修一にもボコボコに打たれ、たしか満塁ホームランまで打たれた。

正直、マウンドにいるのが辛くて仕方がなかった。13点を取られても、まだマウンドにいる。もちろん、こんなに点数を取られたことは初めてだ。いままで、マウンドに行くのがあんなに怖いと思ったことはなかった。

最後のほうは、もう怖くて仕方なくなっていた。そして、わけがわからない状態で投げたボールが、すっぽ抜けてバッターの頭に直撃した。その残像は、試合が終わってからもしばらく消えなかった。

頭に当たった瞬間の、周囲がシーンとなる空気や、「あぁ、エライことしてしまったな……」という思いが、フラッシュバックのように何度も何度も蘇ってくる。次に投げたときも「頭に当たったらどうしよう……」と、キャッチャーが構えたところに投げられない。

斎藤監督の中では、上野さんと多田野の二本柱に私を加えた三人でローテーションを回していければ、勝ち点を取れるという狙いがあったんだと思う。監督に就任した直後、私はまず最初に「おまえを再生させる」と言われていた。

私に期待し、再生させようとして、

「逃げるな。打たれてもいいから何かを学べ」

という考えもあったんだと思うが、私にはそれが辛くて……。

いまでも記憶から一番消したい出来事だ。

正直、この試合で得たものはない。恐怖しか残らなかった。投げることが初めて怖いと思った。ピッチャーをやっていて、こんなに辛く、面白くないと思ったのも生まれて初めてのことだった。

この試合を機に、私はいわゆるイップスになってしまった。

イップスとは、精神的な原因などでスポーツの動作に支障をきたし、思い通りのプレーができなくなる運動障害のことだ。野球の場合は、強迫観念などからボールをきちんと投げることができなくなってしまう。

だが、イップスは別に野球のときだけに起きるものではない。例えば、ティッシュをゴミ箱に投げ捨てようとするときに、手から離れる直前で動きが止まってしまう。いままで何気なく捨てていたし、別に外れても大したことはないのに、

「ゴミ箱の横にあるテレビに当たったらどうしよう」

などと、いろんなことを考えてしまうのだ。

いままで無意識にしてきた行動が、無意識ではなくなる。パッと一瞬にしていろんなことを考えてしまう。だから、キャッチボールをしていても、他の相手のところにボールが飛んでいったらどうしようなどと考えてしまい、ボールが手から離れなくなるのだ。

本当に、恐る恐るフワッと投げることしかできない。

「すみません、ちょっと肘が痛いんで、投げるふりだけでいいですか？」

投内連携のノックなどでも、また誰か人に当ててしまいそうで投げるのが怖いため、一人だけ投げないようにうまくごまかしながらやっていた。

投げるのが辛かった。

野球をやっている時間も苦痛だった。

極端な話、故障で投げられないほうがまだいい。故障の場合は、痛いから投げられないという理由付けができるからだ。でも、本来なら投げられるのに、投げられない。これが一番辛い。

身体はどこも痛くない。でも投げられない。

私は、どうしようもないジレンマに苛《さいな》まれていた。

〝ピッチャークビ〟の宣告

投げられない日々が続き、春のリーグ戦が開幕する前に監督のところに行った。

「……ちょっと投げるのが怖いんです……」

監督も私の苦しんでいる胸の内を察してくれたらしく、

「わかった。おまえはピッチャークビだ。外野を守れ」

そう宣告された。そして監督は、さらに続けてこう言った。

「でも、このクビは一生クビじゃない。もう一回ピッチャーに戻ってくるためのクビだ」

「おまえは外野を守るの嫌だろ？　恥ずかしいだろ？」

「でも守れ。一回おまえのプライドを捨ててみろ」

監督の意図のひとつめは、私が背負ってきたプライドや重い十字架を、退《ど》かすことにあった。そして、ふたつめはフォームの矯正だ。

外野からの返球は、絶対にストライクじゃなきゃいけないわけではなく、大体このあたりでいいというアバウトな感じで投げる。それだけでも気持ちが楽になるだろうという監督の配慮もあったと思う。

「外野のゴロを処理してホームに投げる一連の動作が、いまの上重に足りない部分を補う動作の練習になる」

監督は諭すように言った。

私のボールはシュート回転するクセがあった。外野からの返球は距離が長いため、どれだけシュート回転しているかはボールの軌道を見れば一目瞭然だ。だから、綺麗な回転を身に付ける練習にもなる。

「最初はワンバウンドでいい。ワンバウンドだったら、下に思い切って叩き付ければいいだけだから楽だろう。だから、ワンバウンドで投げる練習をしなさい」

私の精神的な負担を取り除くことと、フォームを改善すること。このふたつを考えた上での外野コンバートだった。

翌日から、私は〝外野手〟として練習に参加することとなった。

キャッチボールが終わったら、ピッチャーは練習マウンドでピッチングが始まり、野手はノックが始まるので自分の守備位置に散らばり、選手たちは二手に分かれていく。

昨日までの私はピッチャー陣と一緒に練習マウンドに走っていたのに、今日はマウンドではなくレフトに走っている。外野に走っていくという経験は、野球人生で初めてのことだ。

「なんで俺、レフトに向かって走ってんだろう……」

私は、すぐには現実が受け入れられなかった。

〝外野手〟として練習はしていたが、最初しばらくの間は、

「外野を守るのなんて、俺の野球じゃない……」

「このままピッチャーがダメになって、外野で野球を続けても、俺、楽しいのかな」

と、苦悩が続いていた。

そんな時期に、春のリーグ戦の開幕を迎えることになった。

初めて親の前で号泣した夜

立教では、開幕戦をメンバーの親たちが観に来るのが恒例行事で、私の両親もわざわざ大阪から出てきてくれていた。

だが、私はというと、試合にすら出ていない。

親に対して申し訳ない、いたたまれないような気持ちと、みじめな思いで、私の心は複雑だった。

試合が終わって、私は両親と浅草のもんじゃ焼き屋に行った。だが、私たちは他愛もない会話をする程度で店を出て、東京に不慣れな父と母を駅まで送った。

浅草駅に続く道を3人で静かに歩いていった。私に話しかけてこないのは、いま思えば、父と母が気を遣っていたのかもしれない。唐突に私は切り出した。

「俺、もうダメかもしれない……」

「いま野球が本当に辛くて、実は辞めようと思ってる……」

すると、父が静かに言う。

「辞めて、どうする?」

「アナウンサーになりたいから、普通に一般の生徒として大学は卒業して、アナウンサーになる勉強をする」

「そうか……」

「別に辞めるのもいいけど、そんなに焦らなくてもいいんじゃないか。まだ、大学の半分もきてないぞ」

「おまえはたぶん、いま試合に出てないことで親に迷惑を掛けてるんじゃないか、親が悲しんでるんじゃないかと思ってるのかもしれないけど、そんなことはなんとも思ってない。俺もお母さんも甲子園に連れて行ってもらって、それだけで満足してるから。別にそのあとのことはおまけくらいに思ってるよ」

母も私も、黙って父の言葉を聞いていた。

「だから、もうそんなに焦らず、自分のペースでやればいいじゃないか」

「もし4年間やって一回も試合に出なくても、それはそれでいいよ」

私は、号泣した。人目もはばからず……。

生まれて初めて、親の前で弱い姿を見せた。

いままで親の前でかっこ悪い姿を見せるのが一番嫌で、いつも私は強がっていた。

でも、もう親にすがるしかなかった。

友人にも言えない。チームメイトにも言えない。そして松坂にも言えない……最後に言えるのは親しかないと、心のどこかで思っていたのだろう。

改札口で、別れ際に父は言った。

「頑張れ」

溢れる涙が止まらない。

「……うん、頑張る」

父と母はプラットホームへ続く階段を降りていく。私は泣きながら二人の後ろ姿を見送っていた。そのとき、両親の背中がなんだか小さく見えた。その小さな背中を見ながら、

「俺のせいで小さくさせてるんじゃないか」

と思った。子どもから見ると、いままでずっと父親と母親は大きな存在だったのに、「年をとったな……」「寂しい思いをさせてるんだろうな……」と、いろんな思いが去来した。

そして私の胸には、ある考えが沸々と浮かんできた。

「自分がもう一回頑張って、親を喜ばせたい」

子どもというものは、やはり親に褒められたいものだし、親に喜んでもらいたいものだ。

両親の姿は視界から消えたが、私の涙は止まらなかった。

まだ泣いていたかった。

私は次の駅まで歩いた。下を向いて泣きながらいろんなことを考えていた。そして結論が出た。

「もう一回、頑張ろう」

「監督が言ってるように、もうプライドとかすべて捨てて外野を守って、それを自分で受け入れよう」

親の言葉によって、私は決断することができた。

両親に話せたことで、プライドを捨てて外野手を受け入れることができたのだ。こんな話を親とするのは、生まれて初めてのことだった。中学時代は反抗期で、高校時代は寮生活だったので、面と向かって話をする機会などなかった。ＰＬに行くときも、立教に行くときも親には相談せず自分で決めた。

いつだって親は、「おまえの好きなようにやりなさい」と私を支えてくれた。

そんな何者にも代えがたい親子という関係だからこそ、こんな話ができたんだと思う。

このときほど親のありがたみや、親の言葉が身に染みたことはない。

私にとって、大きなターニングポイントとなった夜だった。

いつかマウンドに戻るぞ

その翌日から、

「自分はもう外野で生きていくくらいの気持ちで、外野手を全うする」

そんな考え方に変わった。

外野を守ることに最初は少し戸惑いもあったが、やっていくうちに新鮮に思えてきた。いままで見たことがない風景に、「あぁ、外野からだと、こんな風に見えるんだ」と、外野を楽しもうという気持ちも生まれてきた。

それと、ピッチャーのことを忘れられるのも、私としてはありがたかった。

以前は「こういう場合は、こんな攻め方をしよう」とかピッチングのことばかり考えていたのに、いまでは外野手の捕り方を考えている。自分がピッチャーだったということを忘れられる時間はすごく貴重で、私の気持ちは楽になることができた。

外野の練習を続けているうちに、少しずつ投げることに対する恐怖が薄れていった。

そして私は、外野手としてリーグ戦に出るようになった。最初の試合はレフトで五番。よく打ったので、次の試合からは四番を打つこともあった。

外野を守っていると、スタンドから思い切り野次が飛んでくる。

「おい、上重、なんでレフトを守ってるんだ。おまえの居場所はそこじゃねーぞ！」

「何遊んでんだ。おまえが投げてこいよ！」

でも、監督からは、「プライドを捨てて全部受け止めろ」と申し渡されている。

「いまの現状はこうなんだということをわかれ。おまえは松坂大輔じゃないだろ⁉」

そんな監督の意向も、なんとなく感じていた。

レフトから見るマウンドはすごく遠かった。最初の頃は野次に落ち込んでいたが、次第に「なにくそ」という意識が芽生えてくる。

「いつかマウンドに戻るぞ！」

「マウンドに近づくために、いま自分はレフトを守ってるんだ！」

また、打席に立ち続けたことで、すごく勉強になったこともある。いままでの私は、こんな風に考えていた。

「一球投げただけで『うおー！』とスタンドから歓声が上がる、あの松坂大輔のようにならなくては……」

私の理想にして、最高のピッチャーは松坂大輔。

だが、どう考えてもタイプ的に私は松坂にはなれない。急に150キロのボールを投げられるわけがないのに、そればかりを追い求めて苦しんでいた。自分で自分自身の首を絞めていた。

「松坂大輔と投げ合った上重」とまわりから松坂と同じように見られていると勝手に思い込んでいた。

「早く松坂に追いつかなきゃいけない」という気持ちが強すぎて、自分を見失っていた。だから、知らず知らず松坂のような剛速球派を目指していたのだ。

ものすごく細い道を進もうとしていたのだが、早稲田の和田毅とか多くのピッチャーと対戦していく中で、

「あれ？　別に松坂大輔じゃなくても、完封したり勝ち星を重ねたりできるんだ」

和田のストレートは140キロそこそこだったが、なぜか打てない。なんで打てないんだろうと考えているうちに、あることに気付いた。

「ピッチャーは、自分の特長を生かしてゼロを並べていくことが仕事で、ゼロを並べられるのがいいピッチャーなんだ」

それぞれの持ち味でいいんだという答えに、ようやく辿《たど》りついたのだ。

圧倒的な力でねじ伏せるのだけがいいピッチャーではない。例えば、打ちにくいボールを投げたり、ついつい打たされるようなボールを投げたりする方法もあるんだということに、バッター目線だからこそ気付き、私は精神的にも楽になっていった。

打たれない、打ちづらい、ゼロを並べるのがいいピッチャーなんだとわかってからは、和田のフォームや、特にボールの出所を研究した。

それが、大学2年の秋につながることになる。

また、和田の球速は甲子園では130キロ前後だったが、あるトレーナーとの出会いによって、半年間で140数キロにまで伸びていた。

何かをきっかけに、急激に良くなることもあるというモデルケースを目の前で見たので、どん底にいる私にも勇気が湧いてくる思いだった。

だから和田は、私にとってはすごく救われる存在でもあった。

和田毅に受けた衝撃

和田との最初の対戦では、松坂とはまた違った衝撃を受けた。

バッターボックスで、「よし!」とミートしたはずの打球が全部ファールになる。絶対に捉えたと思っても、なぜかファールになる。

「なんでだ？？？」

10球近くファールになったこともあった。いままで野球をやってきて、「捉えた」と思って、ボールが前に飛ばなかった経験はほとんどない。スピードガンの表示を見ても、和田のストレートは140キロくらいしか出ていない。

そんなに速くはないストレートを、なぜ前に飛ばせないのか。

その理由は、ボールが2回伸びてくるからだ。和田のストレートは、キュッキュッと最後にもう一伸びしてくる。自分のイメージよりもボールが上に来ているので、バットがボールの下をこすって全部ファールになってしまう。

打席に立つと、和田のボールは実際の球速以上に、すごく速く感じるのだ。


そのボールを初めて目にしたときに衝撃を受けた上原浩治さん、松坂大輔、和田毅の3人は、奇しくも全員がメジャー入りしている。

少し話が逸れるが、私がアナウンサーになってから、あるカメラマンに取材をしたときに聞いて、すごく嬉しくなった話がある。

スポーツ新聞のカメラマンは、試合で投げているピッチャーがボールをリリースした瞬間の写真を、必ず撮らなければならない。だが、数多くのプロのピッチャーがいる中で、リリースの瞬間を撮影するのが難しい、カメラマン泣かせの選手が二人だけいるという。

その二人というのが、上原さんと和田だった。

プロのカメラマンが自分の感覚でシャッターを切れば、大体のピッチャーはリリースの瞬間を捉えることができる。

だが、上原さんの場合だと、シャッターを切ったらもう投げている。つまり腕の振りが小さくてコンパクトだから、カメラが間に合わない。逆に和田の場合は、シャッターを切ってもまだ投げていない。ゆったりしたフォームで球持ちがいいから、なかなかボールが手から離れないのだ。

プロのカメラマンが投げる瞬間を捉えきれなくて惑わされるということは、当然バッターも惑わされるに決まっている。バッターは大体、「いやぁ、見づらい」とか「タイミングが合わない」という言葉しか出てこないのだが、この話をバッターから聞くのではなく、カメラマンから聞いたことで、「俺の目に狂いはなかった」と嬉しくなったのだ。

私を生まれ変わらせた運命的な出会い

2年春のシーズンは外野手で四番か五番を打ち、打率は2割3分5厘で終わった。

ちょうどその頃、運命的な出会いがあった。

私は本当に人に恵まれている。人との出会いによって、人生が形成されていくんだなということを強く感じる。

大学のときに、二人の恩人に出会っていなかったら、絶対に大学通算成績は0勝のまま終わっていた。

恩人の一人は立教大学の斎藤章児監督で、もう一人は千原先生という歯医者さんだ。

千原先生とは、大学2年の春のリーグ戦が終わったあたりに出会った。

実は、PLの先輩でロッテのスカウトをされていた岡部明一《あきひと》さんという方が、高校のときから私を高く評価し、何かと目を掛けてくれていた。

「おまえは絶対プロに行ける逸材だから、大学に行っても絶対に練習をさぼるな」

「大学を卒業したら、ドラフト1位で行ける選手になれ」

その岡部さんが、ロッテの現役時代にお世話になったという歯医者さんの話を、以前から私はよく聞かされていた。歯医者さんもPLのOBで、剣道部の全国チャンピオンとのことだった。

岡部さんからは、私の立教進学が決まったときからずっと、

「歯も大事だから、その歯医者さんのところに行って診てもらって、いろんな話を聞いて来い。野球のプラスにもなるから」

と言われていた。だが、

「野球をしたこともない人の話を聞きに行っても、野球がうまくなるわけでもないし……歯も別に丈夫だし……」

と、私はその話を聞き流していた。

その後も「おまえ、歯医者さんのところに行けよ」「はい、行きます」と言っては、また行かないを繰り返していたのだが、2年春のリーグ戦の終盤あたりに、私が外野を守っているというのを新聞で見た岡部さんから電話が掛かってきた。

「おまえ、なんでピッチャーをやらないんだ？　おまえはピッチャーでプロに行くと、俺は評価してるんだ！　なんか悩みでもあるのか？」

私は、いま自分の置かれている状況を説明した。

「そうか……じゃあ、だまされたと思って一回行け！」

人が弱っているときというのは、他人の意見をすんなり受け入れられるものだ。いままでの私は、誰かに助言されても自分が納得しないとやらないタイプだった。

でも、そのときの私はピッチャーをクビになって弱っていたので、岡部さんの意見がすっと心に入ってきて、行ってみようという気持ちになった。

「自分のプラスになるんだったら、自分が良くなるんだったら、何でもやってやろう」

まさに〝溺れる者は藁《わら》をもつかむ〟という心境で、私は早稲田大学野球部の寮の近くにある東伏見の診療所に行った。

そして、この千原先生という歯医者さんこそが、私のピッチングとバッティングに対する考え方を、根本から変えてくれることになるのである。

背負い投げのようにインステップで投げろ

診療所に着くと、まず歯の噛み合わせ等を診察してもらった。

千原先生が言うには、歯は全体で噛まないと力が出ない。そのためには歯の噛み合わせが大切だということで、歯の治療をしてもらった。治療が終わると、おもむろに、

「おまえ、ちょっとシャドウしてみろ」

と言われた。

診療所の横に控室のような狭い小部屋があり、そこで言われるがままに私はシャドウピッチングをした。すると、

「全然ダメだ！」

と一刀両断で言われた。

「この人、野球やったことないんだよな……」

そう心の中で思っていると、

「まず、おまえは真っ直ぐ足を踏み出してる。インステップで投げろ」

「え……？　インステップ……？？？」

思いもよらない言葉に、私は言葉を失った。

その当時の野球界では、インステップは投げる方向と足を踏み出す方向が違うため、身体に負担がかかるということでタブーとされていたからだ。

私の心の内を見透かしたのだろう。先生はこう続けた。

「メジャーのキャッチャーは、座って投げてもセカンドまで平気で届くじゃないか。あれはどうしてできるかというと、捕った瞬間には左肩が入っていて右肩も引いてるから、インステップの要領ですぐさま投げられるんだ」

「でも、おまえは真っ直ぐに足を踏み出してるから、常に身体が開いた状態で投げることになる。だから、インステップを意識しろ」

「メジャーのピッチャーは、みんなインステップで投げてるだろう」

確かに私は、真っ直ぐに足を踏み出そうとするあまり、身体が開くクセがあった。

今度は、メジャーのＶＴＲを見ながら解説が始まる。

「メジャーリーガーのショートは、三遊間のゴロに対して逆シングルで入ってるだろ。これは左肩が前に出ていて、捕った瞬間に強い球を投げられる構えになるからなんだ」

確かに、捕球と同時に強いスローイングができる姿勢になっている。

日本の場合は、逆シングルで捕ると「格好つけてる」とか「疎かにしてる」ということで、打球の真正面に入れと教えられる。だが正面で捕球すると、次のスローイングの動作に移るまでに時間が掛かる。

日本のキャッチボールは、「相手の正面に投げなさい」と教えるが、アメリカでは「相手の投げる手の側の肩あたりに投げなさい」と教える。これも同じ理屈で、捕ったあとに投げやすいからだ。

「常に次の動作を考えろ」

「一番投げやすいのは、肩口の上から見る、こういう景色なんだ」

ホームベースではなく、右バッターのほうに向かっていって投げる。つまり背負い投げのイメージだ。実際に背負い投げをするときも、相手の内に身体を一回入れてから投げる。背負い投げの動きが、人間として一番強い力を発揮できる形だというのが千原先生の教えだった。

私は、

「真っ直ぐに足を踏み出して投げなさい」

「綺麗なフォームで投げなさい」

と教えられてきた。いままで10何年間野球でやってきたことと、まったく違う話をいきなりされて、最初は「なんだ、なんだ？？？」という感じだったが、千原先生の話はすごく新鮮で、理に適っているように思えた。

それからというもの、練習中も常に肩口から見るイメージで投げるようにした。すると、ボールがどんどん行くようになり、見違えるように変わっていった。

剣道の素振りを斜めにしたのがバッティング

続いてバッティングの話もされた。一番最初に言われた言葉に、また驚かされた。

「速いボールに対して、遅いスイングをしなさい」

「遅いボールに対して、速いスイングをしなさい」

禅問答のようだ。

野球経験者は、絶対にそんなことは言わない。「速いボールに対しては、ボールに負けないように強く打て」と教える。

だが千原先生は違うと言う。

「もともとボールが速いんだから、その力を利用すれば別に速く振る必要はなく、ゆっくりしたスイングでいい」

「逆に緩いボールに対してこそ、力を加えるために速いスイングをしなきゃいけない」

この考え方は、剣道の間合いに通じるようだ。そして私は、バットで剣道の素振りをさせられた。

剣道の素振りは、基本的には真上から縦に落とす。

まず肘が支点となって振り出していき、最後は手首を使って下にすとーんと振り下ろす。これが剣道の一番強いスイング。例えば、金槌で叩くときや斧で薪《まき》を切るときなんかもこの原理で、これこそが人間が一番強い力を伝えられる形だという。

この縦に真っ直ぐ落とす剣道のスイングを、斜めにしたのがバッティングだというのが千原先生の考えだった。


「人間というのは、高い位置から振り下ろすのが一番簡単で一番強い」

「だから、バットを横に振るよりも、上からすっと落としたほうがいいんだ」

いいバッターは、必ずグリップが高い位置にあるという。その当時よく打っていた西武ライオンズのカブレラや、巨人の高橋由伸さんも確かに構える位置が高く、目の付近にグリップがある。

そして、面白いことにスランプになると、だんだん構えが低くなっていく。人間は疲れてくると肩が落ちてきて、横振りになるので身体も開いてくる。身体が開くと強い力を伝えられない。だから、バッティングもピッチングも基本的な動きは一緒なんだという話をされた。

グリップが目のあたりの高い位置にあって、それをぶつけるように振り下ろす。上からギュッと落としたバットが、その勢いでブーンと上に返ってくる。それが、バッティングの理想だと言われた。

「そんなバッター、プロにもいないなぁ……」

と思っていたら、ベーブルースと長嶋茂雄さんがそうだった。

千原先生は、理想のスイングをしている代表例が、この二人だと言う。ベーブルースや長嶋さんの過去の映像を見ながら、スイングの解説をされた。

ベーブルースのスイングを見ると、確かに上からバットをドン！　と振り落としたら、その反動でバットがまた上に戻ってきている。長嶋さんは、ティーバッティングでは必ず上から落とすようなスイングでやっていたらしい。

現役のメジャーリーガーも、下から上にバットを振り上げるアッパースイングのイメージがあるが、実は一流の選手は、みんな最初は上から振り下ろしているんだといった話も映像を見ながらされた。

いままで野球をやってきた中で、バッティングやピッチングのメカニズムを理論的に解説されたことはほとんど記憶にない。千原先生が初めてだった。

当時、ピッチャーをクビになってどん底だった私は、千原先生の意見を素直に受け入れられた。

もしも、「野球をやったこともない人間が口を出すなよ！」という感情があったら、絶対に受け入れてない。藁にもすがりたい状態だったから、自分の中にすっと入ってきて、野球に対する考え方も変わっていったのだ。

剣道という別の角度から、野球の動作についていろいろな説明をしてくれたその日以来、私は千原先生のところに足繁く通うようになった。

第8章

野球を辞めた本当の理由

そして2年秋、ピッチャーに復活

秋に向けた練習が7月くらいから始まって、斎藤監督が私に近づいてきて言った。

「どうだ、投げたくなったか?」

「なりました」

「じゃあ、今日は5球だけ投げていい」

そのままブルペンに行って、5球だけ投げさせてもらう。そして、また2~3日後に監督が言う。

「今日は10球投げさせてやる」

監督の狙いはこうだ。

いきなり20球、30球を投げると、またどこかで恐怖が襲ってくるかもしれない。だが、5球という短い球数でストップさせられると、「あぁ、もっと投げたい!」という気持ちが生まれ、恐怖を感じるどころか、すごく前向きな姿勢になれる。

最初に5球を投げたとき、自分でもびっくりするくらいの良いボールが行くようになっていた。でも、「これはたったの5球だけだったからかな?」と思っていたら、次に10球投げたときにも、フォームがすごく良くなっているのが自分でもわかる。

いままでの私は、キャッチャーまでの18・44メートルで勝負していた。それはピッチャーとしての感覚だった。だが、長い距離を投げる外野手をやったことで、キャッチャーの後ろにもう一人のキャッチャーがいるイメージで投げられるようになっていた。

すると、18・44メートルの地点は、キャッチャーが途中で捕球しているようなものだから、すごいボールが行っている。

キレがあるし、ホップするように伸びているし、いままでにないような感覚だった。

もちろん、千原先生に教えられたインステップでのピッチングが、好影響を与えているのも明らかだった。

実際に受けてくれているキャッチャーも、「どうしたんですか？ 以前とボールが全然違いますよ。浮き上がってきてます！」などと褒めてくれる。そうすると、私の気持ちもどんどんどんどん良くなってくる。

春にメッタ打ちにされたときは怖くて苦しいだけだったが、良いボールが行くと、もっともっと投げたくなる。野球がまた楽しくなって、「ピッチャーってやっぱり楽しいな」という感覚がすぐに戻ってきた。

練習試合でも、「今日は1イニング」「じゃあ今度は3イニング」「次は5イニング」という感じで、監督は球数を少しずつ、少しずつ増やしていってくれた。ずっと結果も出ていたので、私は徐々に自信を取り戻していき、秋のシーズンに入っていくことになった。

そして2年の秋は、ちょうど多田野が怪我をしていたため、私と4年生の上野裕平さんの二枚看板でいくこととなった。

私を救ってくれた斎藤章児監督

とにかく私が斉藤監督に言われ続けていたのは、「焦るなよ」という言葉だった。

私は1試合に13点も取られたピッチャーなので、監督から「こいつは燃え尽き症候群で、もう使い物にならないな」と見捨てられてもおかしくない立場だった。でも、監督は「こいつをなんとか再生させたい」と考え、

「外野を守って、違う視点からピッチャーを見てみたらどうだ」

と、私自身では思いつかないやり方を示してくれた。その後も、

「今日はどうだ?」

「いまのボールは良かった!」

「怖さはないか?」

と、ずっと私のことを気に掛け、コミュニケーションを取ってくれた。

斎藤監督は、群馬県の東京農大二高で27年間も高校野球の監督を務め、春2回夏4回甲子園に導いた名将だった。長い監督生活の間には、様々な問題を抱える選手がいたのだろう。

精神的につまずいている選手を操るのが本当にうまかった。

私はずいぶん監督に救われた。2年秋のシーズンで私は名前を残すことになるのだが、それは監督のおかげだ。

2年秋のシーズンをピッチャーとして迎えた私は、リーグ戦が始まってからも千原先生のところに通っていた。

千原先生は、とにかく剣道の構えと素振りの型を示して、「この形を作って、強い力を生み出すんだ！」という教えだった。ピッチングもバッティングも、基本的な動きは同じだということで、私はバットによる剣道の素振りを1000回させられることもあった。

私が抵抗なく剣道を取り入れられたのは、松坂大輔が少年時代にずっと剣道をやっていたことも理由のひとつだ。松坂が振りかぶったときの構えや動きは、確かに剣道のそれに似ている。だから、千原先生の話に納得できたという部分もある。

「ネクストバッターズサークルで、必ずこの形をイメージしろ」

と言われていたので、私はリーグ戦でもネクストでずっと剣道のスイングをしていた。バットを振るのではなく、ボールに対して剣道のイメージで、すとーんと落としていく。

私は週2回、その診療所に通った。まず1000回の剣道の素振りから始まって、シャドウピッチングをして、バッティングのスイングをして、「よし！」「明日の試合はそれで行け！」と、私の背中をどん！　と押してくれる。

翌日の試合で、言われた通りにやると結果が出る。次の試合でも、その通りにやると、また結果が出る。この繰り返しだった。

最終的に、このシーズンの私の打率は3割6分8厘だった。

私は投手だったので規定打席に達していなかったが、2位に該当する好打率だった。ちなみに、このとき1位だったのは、横浜高校から法政に進んでいた後藤武敏で3割9分5厘。後藤は春シーズンの三冠王に続いて、2季連続首位打者に輝いていた。

これは、その半年後、3年春のシーズンの話だが、早稲田との試合中にネクストで私と同じ動きをしている選手がいた。「あいつ、俺と同じことしてるな……」と思っていたら、その男は首位打者を獲った。

その男の名は、青木宣親（現サンフランシスコ・ジャイアンツ）。

千原先生の歯医者さんが早稲田の寮の近くにあったので、青木が虫歯になってふらっと行って、治療を受けたのがきっかけで指導されたという。

その当時の青木は、足は速いし守備もいいけどバッティングだけが課題で、代走でしか試合に出ていなかった。だが、千原先生の指導を受けて、六大学リーグの首位打者になるまでに成長したのだ。

そんな千原先生と、斎藤監督との出会いがなければ、いまの私はなかっただろう。

お二人には、本当に心から感謝している。

キャッチャーミットと私を結ぶ魔法のレール

2年秋のシーズンには、もうひとつ大きな出来事があった。

2000（平成12）年10月22日、リーグ最終戦の対東大二回戦でのことだ。

実は、秋のリーグ戦が始まったときに、千原先生が「おまえは絶対に5勝できる」と断言してくれていた。とても心強い言葉だった。

秋のリーグ戦の第一週は早稲田との試合で、第二戦の先発が私で早稲田は和田毅が先発。因縁めいたものを感じる。そのボールには衝撃を受け、その存在には救われた部分もある和田に、私は3対1で投げ勝った。あの和田に勝ったことで、私は自信をつけた。

そのときの勝利ボールは、いまでも家に飾ってある。私としては、後に東大戦で記録を残す勝利よりも、この1勝に対する思いのほうがはるかに強い。苦しんで、苦しんで、ようやくつかんだ初勝利。しかも相手が和田だったという意味も大きい。

「野球を辞めなくてよかった……」

と、心から思った瞬間だ。

その後も2戦目は明治に勝ち、3戦目の法政には1対0で負けた。

法政戦では、初回に先頭バッターの阿部真宏さん（現西武ライオンズ一軍打撃コーチ）がヒットで出塁。二番バッターの打球が進塁打となって、四番後藤武敏のライト前へのポテンヒットで1点を先制された。だが、それ以降は一人もランナーを出さないパーフェクトピッチングだった。

試合はそのまま1対0で負けたのだが、収穫は非常に大きかった。初回に2本のヒットを打たれただけで、2回から9回まではパーフェクト。

当時の法政打線には、智辯和歌山の四番とか上宮の四番、それにPLのひとつ上のキャプテンや三冠王の後藤までいた。とにかく錚々たるメンバーがずらっと並んでいて、チーム打率も3割強の超強力打線だった。そんなとんでもない打線を、わずか2本のヒットで1失点に抑えたのだから、私はさらに自信を深めることになったのだ。

その後も勝ち星を増やし、私は4勝2敗で最後の東大戦を迎えた。

登板の前日、ブルペンで投げていると、自分でもびっくりするくらいキャッチャーが構えたところにしか行かない。キャッチャーミットまでレールが敷いてあって、自分はそのレールにボールを乗せるだけで、あとはレールを通して必ず構えたところに行く。インコースだろうが変化球だろうが、何球投げてもそうだった。

自分の思い通りにしかならないので、投げていて面白い。こんな感覚は、後にも先にも初めてのことだった。私は、受けてもらっていた先輩のキャッチャーに言った。

「先輩、俺明日、ノーヒットノーランしちゃいますよ」

「おおー、言うね、言うね。でも明日は4年生の先輩の引退試合だから、ノーヒットノーランはまずいよ」

冗談っぽくそんなやりとりをしていた。

まさかそれが……。

まったく意識していなかった完全試合

東大戦は秋の最終戦だったので、この試合が4年生の引退試合となる。立教は初回に6点を取り、試合はほぼ決まったも同然だった。勝っても負けても立教の2位が確定していて優勝はない。だから、私が6回か7回まで投げて、残りのイニングをベンチに入っていた3人の4年生ピッチャーが継投で順番に投げる予定だった。

私は5回までひょいひょいひょいひょいと投げて0点に抑え、勝ち投手の権利を手にした。代わる意識しかなかったので、「あと1、2回投げて先輩にバトンタッチだ」と思っていた。

プレッシャーもまったくなく、ぽんぽんぽんぽんと7回まで来て、私は言った。

「監督そろそろ代わりましょうか?」

すると、

「馬鹿野郎！　いまおまえは完全試合をやってんだぞ！」

と言われた。なんとなくヒットを打たれてないなと思ってはいたが、もともと代わるつもりで投げていたので、特に気にもしていなかった。

「まだ完全試合が継続してるから、もう1イニング投げてこい」

と言われたが、私はというと、

「俺が8回まで投げたら、9回を3人の先輩でワンアウトずつ取って、継投するイメージが監督の中にあるのかな」

と思っていたくらいだ。そして、8回も三者凡退でベンチへ。

「監督、本当に代わりますよ」

「馬鹿野郎！　おまえ完全試合がどういう記録か知ってんのか？　36年前に、まだ一人しか達成してないんだぞ！」

そう言われて、私は初めて完全試合がそんな偉大な記録だということを知った。

「でも、先輩とかいいんですか？」

「じゃあ、聞いてこい。投げさせてくださいって言って来い」

「えええー!?　だから俺、代わりますって言ってるじゃないですかー」と思いながら、しぶしぶ先輩のところに行った。

「あのー、9回まで投げさせてもらってもいいですか……？」

「いいよ」

「その代わり、俺らのために完全試合を絶対してこいよ」

と背中を押してくれた。私は、そこで初めて完全試合を意識する。

「絶対、完全試合してやる！」

9回だけは、そういう思いを胸にマウンドに登った。

球場を支配した瞬間

よくアスリートが〝ゾーン〟という言葉を使うが、最終回のマウンドは、まさにそんな感じだった。

まずマウンドに上がって、時間とか空間とかすべてが自分のためにあるように感じた。

〝完全試合〟というゴールが先にもう見えていて、自分がどういう風に歩んでいくかという道筋まで見えている。つまり、時間と空間を完全に支配している。だから打たれるなどとはまったく思わない。

時間も空間も自分のためにあるからだ。

その時間があまりにも楽しいので、もうちょっと浸っていたいなと思って、わざとプレートを外して球場全体を見渡したりする。

くいく。

「あぁ、この時間は本当に俺のためだけにあるわぁー」

と思いながら、また打者に投げるのだが、もう本当にやることなすことすべて絶対にうまくいく。

だから絶対に打たれない。

あの空間は絶対なのだ。特権は自分にしか与えられていない。主役は自分しかいないので、絶対に思うようにいく。

応援も何もかもがすべて自分のためにあり、18・44メートルの空間も自分のためだけに存在する。だから、「ここに投げて、空振りを取りたいな」と思えば、その通りになる。

筋書きが見えるのではなく、何か自分が思ったら、その通りの結果が用意されるのだ。

まるで、神のようなものだ。

最後のイニングは、三振、ファーストファールフライ、三振でゲームセットとなった。9回は3人で終わったので、ほんの5分あるかないかの出来事だったが、その間はずっと絶対的な感覚だった。

このときの相手は東大だったが、法政の強力打線が相手であっても、もしかすると完全試合ができていたかもしれない。このシーズンは本当に調子が良く、実際に法政と戦ったときも2イニング以降はパーフェクトのピッチングができていたからだ。

後に、私はこのときの様子を卒論に書いた。たしか、当時はまだ〝ゾーン〟という言葉があまり浸透してない頃だったので、私は卒論を『球場を支配した瞬間』というタイトルで表現した。

翌日、「これは一面だ！」と思ってスポーツ新聞を見ると、一面は日本シリーズだった。ちょうどそのときは巨人の長嶋監督とソフトバンクの王監督による、2000年日本シリーズ〝ミレニアムON決戦〟が開幕したばかりだったからだ。

私の記事は、最終面に一面で掲載されていた。

そこには東大ナインのコメントが載っていたのだが、「打てそうで打てない球でした」とか、「打ち損じました」とか、日本の最高学府の頂点に君臨している意地とプライドを感じさせるコメントばかりが並んでいた。引退試合で完全試合をされたことが、よほど悔しかったんだろうなと思った記憶がある。

とにかく、この日の私のピッチングは最高の出来で、生涯最初で最後の〝ゾーン〟に入った瞬間だった。

錦織先輩と松坂大輔への思い

3人の4年生ピッチャーのうちの一人は、神宮で一度も投げたことのない錦織先輩だった。錦織さんは「自分は選手はもういい」と決心されて、4年生になると自ら学生コーチを買って出た。それからというものノックを打ったり、バッティングピッチャーをされたりして裏方に徹していた。

静岡高校出身で一浪して立教に入った選手がいますと、地元のメディアで紹介されるような方で、静岡では有名だったという。

学生コーチは背番号40番をつけるのが通例だが、それでは試合に出られない。東大との最終戦は4年生の引退試合だったので、錦織先輩は40番を外して10番台のピッチャーの背番号をつけてベンチに入っていた。この東大戦は、錦織さんに投げさせるための試合だったのだ。

ご両親も、息子の最後の試合を観るために、静岡から神宮に駆けつけていた。

試合が終盤にさしかかり、錦織さんがブルペンで投げていた。すると観客から、

「後輩の上重が完全試合しようとしてるのに、なにブルペンで準備してるんだよ！」

「準備してるってことは、打たれるとか、代わるとか思ってるのか！」

という野次を浴びせられ、それでも錦織さんは投げていた。

錦織さんに、そんなつもりはなかった。

「マウンドはもう上重に託した」

「だから、俺の最後のマウンドは、この神宮のブルペンで完結しよう」

そう心に決めて、涙ながらにピッチングしていたそうだ。

錦織さんのお父さんからも、

「息子は投げられなかったけど、同じチームの上重くんの歴史的な瞬間に息子も自分も立ち会えて、すごく思い出の一日となってよかった。だから上重くんには感謝してる」

そんな言葉を後に掛けていただいた。

間が悪いことに、私が完全試合を達成したばかりに、錦織さんの最後の登板機会を奪ってしまった。私は錦織さんに対して後ろめたさや罪の意識を持ち続けていた。

だから、立教野球部のＯＢ会には一度も出たことがなかったし、完全試合のこともいままであまり語らなかった。

しかし、錦織さんやお父さんからありがたいお言葉を掛けていただき、私は本当に心から救われた。

完全試合を達成したその日の夜、松坂大輔から電話が掛かってきた。

「おめでとう、聞いたよー」

ちょうどその当時、松坂は駐車違反で自宅謹慎中だった。自宅に閉じこもって元気がないようなことを人づてに聞いていたので、私はわざとこう言った。

「野球したくなったでしょ？」

「おまえをうずうずさせたかったから、この記録を達成したんだよ」

「おー、そうか！　でも完全試合はすごいよな。俺はたぶんノーヒットノーランまではできるけど、完全試合はできないな。フォアボールを一個か二個は出すだろうからな」

松坂大輔に初めて私を意識させることができた。特に大学に入ってからは、自分だけが松坂に意識させられてばかりだったから、余計にそう感じた。

ライバルというのは、お互いにとっていい影響を与えられる存在だと思っている。

私が松坂からいい影響を与えてもらっているだけで、私から松坂に何も与えていなければ、相手は私をライバルとは思ってくれないだろう。

そういう意味で、初めて松坂に何らかの影響を与えられたことが、とても嬉しかった。特に松坂が弱っているときだったので、友だちとして、親友として、何か刺激を与えられたんじゃないかという充実感があった。

新たな十字架で二度目のイップスに

2年秋はシーズン5勝したことで、「あぁ、上重は終わってなかったんだ」と思わせる活躍ができた。横浜対PL戦の十字架に見合う活躍をしたことで、ようやく私は十字架を降ろすことができたのだ。

それにしても、2年春から秋までの半年間は、私の人生を左右する運命的な出会いと出来事がめまぐるしく繰り返された、激動の半年間だった。

2年春、一人目の恩師である斎藤章児監督との出会い。イップスになってピッチャークビの宣告。両親への初めての告白。父親の言葉に号泣して決心。和田毅に受けた衝撃とヒント。イップスの克服。2年秋、二人目の恩師である歯医者の千原先生との出会い。バッティングとピッチングでの開眼。そして完全試合。

運命としか思えないくらい、すべての出来事が一本の糸でつながっていた。

すべてが順風満帆のはずだった……。

「さぁ、これから!」というところだったが、今度は〝完全試合をした男〟という新たな十字架を、私は背負うことになってしまった。

3年の春、鹿児島へキャンプに行ったときに、またイップスぽい症状が出てきて、投げるのが怖くなったのだ。

練習試合でマウンドに立ったときに、

「この前のマウンドは、完全試合だった」

「これからは、完全試合をした男としてマウンドに立たなきゃいけない」

そんな思いが、不意にふわっと浮かんできた。

「俺はすごくなきゃいけない」

「俺は抑えなきゃいけない」

「俺は完全試合に見合ったピッチングを毎回しなきゃいけない」

そんなプレッシャーが、私を襲ってくる。

真っ直ぐを投げると当たってしまいそうで怖かった。だから、右バッターには逃げていくスライダーばかりを投げた。3イニングを投げて7個くらい三振を取ったが、ほとんどがスライダーで、その場しのぎのピッチングで逃げていただけだった。

一度イップスになって克服もしているので、解決の仕方はわかっている。しかし人間というのは、一回目はなんとか跳ね返せるのだが、二回目はものすごいエネルギーが必要になってくる。

例えば、「1キロ泳いで来い」と言われたとする。1キロの想像ができないから、言われた人間はがむしゃらに1キロを泳ぎ切ることはできる。でも、1キロ泳ぐことが、こんなにもしんどいんだと知ってからは、二回目のとき人は躊躇してしまうのだ。

「また、あの苦しみがきた……。跳ね返せるのかな……」

私の場合は、二度目のイップスを跳ね返すだけのエネルギーが湧いてこなかった。

今後はイップスとか怖さとか辛さといったものを抱えたまま、いい付き合いをしていかなきゃいけないんじゃないかという発想になっていた。

シーズンに入ってからも、実際に投げていて「あれあれ！　ヤバいヤバい！」と思うときも何度かあった。だから、本当にだましだましで投げていた。球速もガタッと落ち、もう以前の面影もない小手先だけのピッチングだった。

歯医者の千原先生のところへは、引き続き通っていたが、フォームとか技術的なことをいろいろ修正してもらったのに「先生、実はイップスになりました」とは言えなかった。せっかくあれだけ教えてもらい、3年春はもっといい成績を残さなきゃいけないのに……申し訳ないという気持ちしかなかった。

もう一回外野に行って、完全試合のプライドを捨てて、一から同じことをやろうかという考えも一瞬頭をよぎった。

だが、多田野も怪我から戻ってきて、二人でチームを引っ張っていかなきゃいけない状況もわかっている。前のシーズンで5勝して期待されているピッチャーが、3年にもなって今さら外野からなんてできない。

誰にも言えなかった。辛かった。

すべてを自分の中だけで処理して、私はごまかしながら投げていた。

右肘じん帯損傷

3年春は、小細工で6回を2失点とか1失点で抑えるような感じで、シーズン2勝0敗といった成績。なんとかごまかしながら乗り切った。

プロに行くためには、3年からが勝負だ。

私は人知れず、

「2年秋の、あのいい感覚が戻ってこい。戻ってこい。戻ってこい」

と、ずっと心の中で念じていた。

だが、秋のシーズン前に盲腸になってしまった。

1週間の入院生活から解放されたのは、シーズンが開幕する直前だった。私は焦っていた。退院して抜糸もしないうちに練習を始めて、今度は内転筋を痛めた。

盲腸をやったせいで、筋肉のバランスがおかしくなっているところに、急に激しい運動をしたため、負担がかかって内転筋を痛めたんだと思う。

内転筋を痛めると、ピッチャーにとってはかなり面倒だ。まずはランニングができない。さらに痛めた箇所をかばうので、ピッチングのバランスが悪くなる。現時点でも投げ方が悪いのにさらに悪くなる。

秋のリーグ戦直前の練習試合でのことだ。その日はまだ秋口なのに、非常に寒かった。盲腸で出遅れていた私は、結果を残さなきゃいけないと思って、力を入れて投げた。

するとそのとき、

「プチッ！」

と音が鳴った。

「あれ？　なんだ？」

瞬間的にそう思ったが遅かった。とうとう私は肘をやってしまった。診断結果は、右肘じん帯の損傷だった。

結局、3年秋のシーズンは、丸々休むこととなった。

負の連鎖だった。

2年秋に完全試合をせず、ただの5勝のまま終わっていたら、またちょっと違う展開になっていたのかなと思ったこともある。だが、これればかりは、どうしようもないことだ。

それに、完全試合ができたことは、自分の中ではすごい誇りだ。

大学時代、私は通算9勝しかしていない。9勝という数字は大したことはない。だが、完全試合という1勝があるだけで、いまでもありがたいことに東京ドームの野球博物館に記念ボールを飾ってもらっているし、上重聡が立教で野球をしたという証がずっと残るからだ。

野球を辞めた本当の理由

右肘じん帯損傷。手術をしなければ、本来の80％くらいまでしか回復せず、そのまま付き合っていくしかない。100％元の状態に戻すためには、トミー・ジョン手術をしなきゃいけないと言われた。

難しいのは、大学3年の秋という状況だった。

3年の秋は、就職活動が始まる時期だ。ここで、野球の道に進むのか、野球を辞めて違う道に進むのか、進路を決めなければいけない。

いま手術をすると、リハビリを含めて復帰まで半年から1年くらいかかる。そうなると、4年秋のシーズンがラストチャンスだ。手術をしても、100%治るかどうかの確証はない。それに、イップスといった精神的なものも抱えている。そんな状況で、仮に肘が治ったとしても、果たしてピッチャーとしてやっていけるのか……。

いままで、手術をしなければならないほどの大きな怪我をしたことはなかった。それほどの怪我をしたということは、神様が肩をトントンと叩いてくれたんだなと思えた。私は大学に入るときに、この4年間でプロに行けなかったら野球は辞めるとどこかで思っていた。期限を区切らないと頑張れないなと思ったし、自分を追い込む意味でも4年間という期間を設けていた。

先輩も見ていても、3年あたりからの成績でプロから話がくるような感じだった。私は2年秋に結果を残して、これからという矢先に故障と精神的なものがふたつ重なってしまった。

私は、野球を辞める決断をした。

もしも精神的なトラブルがなく、肘さえ治れば、また2年の秋のようにビュンビュン投げられる状態だったとしたならば、野球を続けていたかもしれない。よく、「あっさり野球を辞めたね」と言われるが、精神的な部分が辞めた一番の理由だ。
いままで誰にも話したことはないが、野球を辞めた本当の理由は怪我ではない。
イップスという精神的な障害で、野球を断念したのだ。

野球を辞める決断を下すまでは、それほど悩むこともなく意外にあっさりしていた。
野球を諦める時期が来たんだなという感じで、「よくここまで頑張ったな」と自分でも思っていた。

特に、野球を一回辞めようと思って、親にも相談したどん底の状態から這い上がり、完全試合もできた。壁を乗り越えたという達成感が、自分の中では大きかった。

もしかしたら、私は野球を辞めるきっかけを、心のどこかで無意識に待っていたのだろうか……。

「お疲れさん。もう野球はいいんじゃない？」

そんな言葉を掛けられるのを待っていて、故障して実はほっとした部分もあったのかもしれない。

それに、プロにはただ行くのではなく、あの松坂大輔ともう一回投げ合ったり、プロで活躍できるレベルまで、自分を持っていくというのを私は大学での目標にしていた。

だが、冷静に自分を分析すると、そのレベルに行くのはもう厳しいなと正直に思った。

「もったいない」と言われることもあるが、そこまでのレベルじゃなかっただけの話だ。

2年の秋に5勝して、完全試合を達成したときが、いままでで一番プロが見えた時期で、このまま頑張ればプロに行けると正直思っていた。

だが、プロになるにはもう一度試練を与えないといけないと神様は考えた。

「おまえ、これを乗り越えないとプロには行けないよ」

私はその壁を乗り越えられず、破れ去ったためプロに行けなかったんだと思っている。

プロはそれほど厳しい。試練を乗り越えないまま、もしプロの道に進んでいたとしても私は決して活躍できなかっただろう。

そういう意味では、大学の4年間でプロへの課題をいくつか与えてもらえたことは、自分の人生にとってすごく意味のあることだった。

試合に出ないキャプテン

3年秋のリーグが終わってキャプテンが選ばれるのだが、立教では監督からの指名ではなく、選手間の投票で選ばれる。

私はその時点で野球を辞める決断をしていたので、キャプテンなど考えてもいなかった。

社会人チームに進んで野球を続けるつもりの人間がキャプテンになったほうが、面接の際にアピール材料になる。私はそう思っていたので、実は投票前に後輩たちに根回しして、「俺には入れるなよ」と言って回っていた。

だが、投票の結果、私がキャプテンに選ばれた。

投票用紙には、キャプテンになってほしい選手の名前とその理由を書くのだが、こんな理由が多かった。

「上重さんなら、相手が監督であろうと誰であろうと、自分の思った意見を言ってくれるので、上重さんを推挙します」

私は4年生になっても試合に出られない控えの立場だ。それで果たしてキャプテンとして機能できるのかという不安もあった。でも、投票用紙の後輩たちのコメントを見て、チームメイトから求められているのならやろうかと思った。

それに、試合には出なくても、心を鬼にして言うべきことを言わなきゃいけないという立場を経験することは、今後の自分の人生にとってプラスになるかもしれないとも思ったし、逃げたくないという気持ちもあった。

あとは、小学校のとき私はキャプテンだったが、中学高校は平石がキャプテンをしていた。野球への恩返しではないが、もう一回最初にやったキャプテンをやり、最後も原点のキャプテンで締めくくるのもいいなと思った。

試合に出ていないキャプテンが、どうチームを引っ張っていくかということはすごく考えた。そういえば平石はPL時代にそういう立場だったなと思って、当時は同志社でキャプテンをしていた平石に電話をして、いろいろ話を聞いたり相談したりもした。

野球を辞める決断をした時点で、自分の野球選手としての限界は認めていたんだと思う。だから、いまの実力や立ち位置をすんなり受け入れられたし、控えだったが嫌な感情はなく、すんなり自分の中では消化できていた。

むしろ、投票でキャプテンという役職を与えてもらったので、試合には出なくてもキャプテンとしてできることを常に考えていた。

自分がサポートをしたり、コミュニケーションを取ったりすることで、人を活かして組織も動かしていく。ひとつの目標に向かって、みんなを指揮するような感じだった。

いろんなことに気を配りながら、いろんな人を立てたり活かしたりという作業は、いまのアナウンサーの仕事にもつながっていく大事な部分だ。

本当に、多くのことを勉強させてもらった1年間だった。

野球人生最後の登板

4年生の1年間は、私はほとんど試合に出ていない。

春のシーズンは1試合も投げていなかったが、大学生活最後となる秋のシーズンの法政との最終戦に、リリーフで投げる機会を与えていただいた。

これが、野球人生最後の登板になるだろうと、松坂にもらったグローブをはめて、私は最後のマウンドに向かった。

じん帯の手術をしなかった肘は、もうあまり伸びなかったし、痛みもあったし、精神的なイップスも抱えていたので、ボールはまったく行かなかった。

スピードはマックス133キロ程度で、ストレートは、もうへろへろーという感じだ。

法政の山中正竹監督が、

「なんで、あんなハエが止まるようなボールを打てないんだ！」

と、ベンチ前の円陣で檄《げき》を飛ばしているのが聞こえてくる。

「あぁ、すみません」

「確かにハエが止まるようなボールだよな」

「でも、いまの俺の精一杯のボールはこれなんだ」

と投げ続けた。

大学で私が学んだのは、すごいボールじゃなかろうと、悪いボールであろうと、抑えることはできるということだった。だから、なんとか緩急を使ったりしながら、とにかく自分の持ち味であるゼロに抑えるピッチングで凌いでいた。

でも怖いので、気持ちだけは、「俺は松坂大輔だ」と思いながら、松坂の投げ方を真似たり、ロージンを触る仕草を真似したりしながら投げていた。

最後の登板だということで、両親も観に来てくれていた。

球も行ってなかったし、たぶん投げ方もメチャクチャだったと思う。

すごくかっこ悪かったと思うが、自分の野球人生の総仕上げとして、ボロボロになりながらも最後まで精一杯を尽くした。

いままで学んだことや、出会った人たちのことも思いながら、私は投げ続けた。

大学の4年間で、私は法政にだけは勝ち星がなかった。だが、最後の最後に法政から勝ち星を取り、5大学すべてから勝ち星を上げて9勝という成績で大学野球は終わった。

こうして、私の野球人生は幕を閉じた。

第9章

野球への思い

松坂世代に生まれて

先ほども少し触れたが、私は大学で登板するとき、「俺は松坂大輔だ！」といつも思いながら投げていた。

2年秋に完全試合をしたときも、松坂にもらったグローブで、〝松坂〟と刺繍されているものを使っていた。そう思うことで、何だか自分がすごくなったような気になれるし、自信を持ってマウンドに上がれるという感じだった。

「俺は松坂大輔と投げ合った上重聡だ」

ではない。

「俺は松坂大輔だ」

と思ってマウンドに上がると、バッターよりも優位に立てて、打ち取れるような気がしていたのだ。大学のときは大した成績も残していなかったため、ずっと自信がなかった。「俺は松坂大輔だ！」とでも思わないと、ふわふわして普段通りの力を出せないんじゃないか。これは最後の最後の登板まで、ずっと思っていた。

それほど私にとって松坂の存在は大きかったし、私たちの世代すべてにおいて言えることは、松坂大輔が中心であることは間違いない。

もし松坂が一個上の先輩だったら、「先輩だし、ひとつ上だし」と自分の中で言い訳をすることが可能だし、松坂大輔という突出した存在そのものを許せるはずだ。だが、同級生だと許せないというか、焦りみたいなものが生じる。

これが逆に年下だと、「あぁ、すごいな。俺より年下なのに……」と妙に認めてしまうところもあるのに、同級生だと絶対に認められない。負けたくない思いが、年下よりも同級生のほうに強く働く。

同級生という枠からは決して逃げられないので、どうしても強く意識してしまうのだ。

仕事柄もあって、幸いにも私は表舞台にいる現役プロ野球選手の同級生たちとは近い距離にある。だから彼らが活躍すると刺激を受けるし、負けたくない思いが込み上げてくる。

私は野球から離れたけど、実はいまでも松坂世代のみんなとは戦っている。

変な話かもしれないが、松坂が勝ったり、杉内が勝ったり、村田が打ったりすると、私はランニングに行く。自然に身体が動いてしまうのだ。

別にアナウンサーだからランニングなんてする必要はないし、明日投げるわけでもないのに、無性に走りたくなる。ランニングをすることで、「彼らに負けたくない」とか、いろんな思いを消化し、頭の中で整理する時間でもあるのだが、それが最終的に「俺も明日から頑張ろう」につながっていく。

自分の原点はやっぱりピッチャーで、ランニングなんだと思う。長距離を走って「はぁはぁ……」となるあの時間が一番しんどいのに、実は一番好きだったりするのだ。

松坂にこのことを言うと、「おまえが走っても意味ねえじゃねーか」と突っ込まれるのだが、そうではない。走ることで明日いい声が出るわけではないし、身体を鍛えたいわけでもない。単純に仲間に刺激を受けて、自分の思いを表現するのがランニングなのだ。

いまでも私は、松坂世代の彼らと戦っているのだ。

アナウンサーとピッチャーの共通点

日本テレビに入社して、今年で13年目になる。

今年の3月まで、土曜日の朝の『ズームイン!!　サタデー』という番組の司会を5年間担当させていただいた。29歳で初めてメインの番組を受け持つようになり、責任ある立場を任されることになった。

それまでは別にメインの方がいて、私はサブ的な立ち位置だった。だから、仮に自分がしくじっても、メインの方がなんとかしてくれるだろうという甘えのようなものもあった。

しかし、『ズームイン!!　サタデー』を受け持つようになって、自分が番組を背負っているという思いから、アナウンサーとしての意識も変わっていった。

いまの私は、マウンドに立って投げている感覚で、アナウンサーをやっている。

アナウンサーの仕事もピッチャーと同じだ。本番を迎えるまでにしっかり準備をして、本番で結果を出さなければならない。カメラの前に立ったら、もう開き直ってやるしかないというのも、マウンドに立ったピッチャーとよく似ている。

生放送中には、いろいろなアクシデントも起きる。共演者のミスをカバーするのも、野手のエラーをピッチャーがカバーするのと一緒だ。

そんな風に、アナウンサーをピッチャーとして捉えると、私はすごく仕事のイメージが湧きやすかった。

やはり先発ピッチャーは楽しい。自分で試合をどう作っていくか。どう相手を料理していくか。逆に言うと自分のピッチング次第で試合はどうにでもなる。

アナウンサーも同じで、アナウンスや組み立ての作業次第で、番組は良くもなるし悪くもなる。心から楽しそうにやっていれば、共演者や視聴者の方々にも楽しさが伝わるだろう。

そういう意味でも、非常にやりがいを感じる職業だ。

野球との訣別から、野球への恩返しに

福澤朗さんが日テレを辞めるときに、一人ずつメッセージをくれた。

私にくれたメッセージは、

「ＰＬとか、松坂とか言われなくなったら、本物のアナウンサーだよ」

だった。同感だった。

実は、私はアナウンサーになると決めたときに、ある決心をしていた。それは、

「野球と訣別する」

というものだった。これは「野球を忘れる」とか、「野球への情熱をなくす」とかではない。アナウンサーというある意味棘《いばら》の道に進むにあたり、中途半端に野球への思いがあると、本物のアナウンサーになんて到底なれないと考えたからだ。

だから、「もう一度野球がしたい」という思いは自分の中から消そうと思った。

野球への思いは封印し、遮断し、「もう野球は一生しない」くらいの覚悟を決めたのだ。

私はそんな思いでいたので、アナウンサーになってからは正直野球とは関わりたくなかった。「野球に頼っちゃいけない」とも思っていた。特に「松坂に頼っちゃいけない」と思っていたので、なんとか早く自立して、一人前のアナウンサーとして認められなくてはという焦りを抱えていた。

でも聞かれるのは、ＰＬ時代や松坂大輔の話ばかりだった。番組に呼ばれても、私が求められるのは野球の話ばかりで、それが嫌だった。

「結局またその話か……」

「俺ってそれしかないのかな……」

でも、歳を重ねていくうちに、いつしかそんな思いは吹っ切れた。

「それも含めて自分だし、逆にこの話をできるのは俺しかいない」

だから、いまは野球に関して話せる時間があって幸せだし、逆にいまだに野球のことを聞いてくれたり、興味を持ってくれたりするのはありがたいことだと思えるようになった。

それに、最近はこんな風に思うようにもなった。

上重聡という人間の7割から8割くらいは、〝野球〟で形成されている。

アナウンサーの職業に就くことができたのも野球のおかげで、〝延長17回〟や〝完全試合〟があったからだと思う。

そんな私が、一人前のアナウンサーになれなかったら、いままで私が積み上げてきた野球が否定されることになる。

それに何より、ここまで私を育ててくれた野球に対して失礼だ。

「所詮、野球しかやってこなかったから……」

「無理してアナウンサーになんかならず、野球を続けてりゃよかったのに……」

私がそんな風に言われることで、野球を傷つけたくないし、野球を馬鹿にされたくないし、野球を冒涜《ぼうとく》されたくはない。

野球に恩返しをするという意味でも、まわりから認めてもらえるような、本物のアナウンサーにならなきゃいけないと思っている。

野球への思い

野球は14年間もの間、私を熱中させてくれた。野球をやっていたからこそできた思い出や、野球を通して感じたことや、学んだことは数知れない。そんな野球に出会えたことそのものに、私は心から感謝している。

まず野球は私に、目標を立てて、そこに向かって努力することの大切さを教えてくれた。小学校の頃は、単純に目の前の試合に勝ちたい、あるいはその先に進めば、全国で勝ちたいという目標を私に与えてくれた。

吉田松陰の言葉に、「志を立てて、もって万事の源となす」というものがある。何事も志がなければならない。志を立てることがすべてのはじまりになる。

そういう意味だと思うが、野球を始めたことで、それぞれが志を持つようになる。明日の試合に勝ちたいとか、甲子園に出たいとか、プロ野球選手になりたいとか、目先のことでも遠い将来のことでも、志は何でもいいと思う。

私はたまたま野球だったのだが、それがサッカーであろうと音楽であろうと、この志を持てることがすべての始まりで、私はそういうものに早く出会うことができた。

本当にありがたいことだと思う。

そして、野球は私に合っていた。続けていくうちに、私は〝自己犠牲〟というものも野球から教わった。

野球では、送りバントとか進塁打とか、自分が犠牲になってでもランナーを進めることがある。そうすることで得点する可能性が高くなるからだが、送ったからといって100パーセント点数が入るわけではない。

それでも誰かのために、チームのために、勝利のために自らが犠牲になるのは、野球特有のプレーのように思う。

野手のカバーリングもそうだ。ファーストへの送球で内野がエラーしなければ、ライトが一塁のカバーに回る必要なんてない。でも、後ろで誰かがカバーしてくれているという安心感や、無駄かもしれないのに、自分のために汗を流して走ってきてくれている人間がいることを感じられるスポーツでもある。

そこに、感謝の気持ちが生まれる。

誰かが自分を助けてくれる。その誰かのために、自分も頑張らなきゃいけない。それが結果的にチームのためにもなる。

野球は一人ではできない。それは仕事でも何でもそうだと思うが、〝自己犠牲〟の大切さを、野球は私に教えてくれたのだ。

ＰＬ学園と、甲子園への思い

いまＰＬ野球部が新しく部員を募集していないということが、よく話題になっている。単純な話だが、私は自分が育った、自分が卒業した野球部がなくなるのは寂しい。自己紹介で、「いまはもうなくなったんですけど、ＰＬ学園という昔は強かった野球部の出身なんです」と言わなきゃいけないのかと思っただけで、切ない気持ちになる。

これはＰＬが名門校だからという理由ではない。単純に自分を育ててくれた野球部が廃部になることが寂しいだけだ。

私にとっては、ＰＬでの3年間はすごくプラスになったし、上重聡の根幹になっている部分はここで作られたと思っているので、ＰＬ野球部には本当に感謝している。

自分が出た母校というのはもちろんあるが、私は甲子園でＰＬのユニフォームを見るのがすごく好きだ。ＰＬのユニフォームを着て甲子園にいる後輩たちを見ると、「俺も頑張ろう」という気持ちになれるのだ。

こんなことを言うと阪神ファンのみなさんに怒られるが、私は甲子園で一番映えるのは、ＰＬ学園のユニフォームだと思っている。「甲子園の恋人」を探すのなら、それはＰＬじゃないかと思っているくらいだ（笑）。

だからといって、いま現役のＰＬの後輩たちに、「最後に甲子園でＰＬのユニフォーム姿を見せてほしい」とは言いたくない。やっぱり甲子園はすごくいいところだから、後輩たちにも味わってほしい。ただそれだけだ。

甲子園というのは、究極のパワースポットだ。

いまのアナウンサーという立場で行っても、力がもらえそうな気がするし、甲子園から「まだまだ頑張れよ」と言われているような気もする。

一方で子どものときは、「甲子園に出たい、そこで投げてみたい」という思いがあったからこそ、苦しい練習にも耐えられたんだと思う。

甲子園は、誰かが頑張るためのパワーを与えてくれる究極の場所なのだ。

一般的に言われるパワースポットは、その場所に行ってこそ力をもらえるものだが、私の場合は別に甲子園に行かなくても、テレビで見ているだけでパワーをもらえる。

自分が甲子園に出たときのことも思い出すし、甲子園が私を叱咤激励してくれるのだ。

特に夏は、そのパワーが強い。

それは暑さや熱気、あるいは実際に予選を勝ち上がって、たった一枚の切符をつかみ取ったということもあるだろうし、３年生にとっては最後の夏というのもあるんだと思う。もしかすると、夏のほうが春のセンバツより歴史が深いという重みもあるのかもしれない。

今年は、夏の高校野球が１００周年を迎える。

全国の球児や、ＰＬの後輩たちの甲子園での雄姿を、私は心から楽しみにしている。

壁や挫折に直面している球児たちへ

いま現在、何らかの壁に直面したり、挫折したりしている選手も大勢いると思う。とても苦しんでいると思う。そういう球児たちに、

「乗り越えられない壁はない」

とは言いたくない。

やはり、一番怖い壁は怪我だ。

怪我という壁に対するアプローチの仕方は限られてくるし、怪我は時間が解決してくれるしかない部分もあるからだ。

「辛抱強く、焦らず待つしかないよ」

と言いたいところだが、「じゃあ、高校三年間ずっと怪我だったら、どうするんですか？」と言われたら、返す言葉もない。高校野球は、実質2年4ヵ月ほどという時間の制約があり、タイムオーバーが存在するからだ。

だから、あまり安易なことは言いたくないが、私は壁に対してはこんな風に考えている。

「壁というものは、別に真正面からよじ登る必要はない」

つまり、壁をいろんな角度から見て、いろんなアプローチで壁にトライすればいいんじゃないかということだ。

例えば、目の前に壁があったとしても、壁沿いに進んでいくと壁が低くなっていたり、壁が途中でなくなっていたりするかもしれない。あるいは隠し扉があるかもしれないし、どこかをツンツンと押すと、一気にガラガラガラと壁が崩れるかもしれない。頭の良い人はハシゴを持ってきてひょいと登ってもいい。

こういったアイデアや発想を、いくつ持てるかだと思う。

壁を乗り越える方法をひとつしか持っていないと、「これがダメなら、もう終わりだ」という思考回路に陥って、本当に辛い。でも、壁へのアプローチの仕方をいくつも持っている人は、気持ちにも余裕が生まれるし、これとこのアイデアを組み合わせて壁を越えてみようというやり方だって出てくるはずだ。

以前の私は、立ちはだかる壁に対して真正面からぶつかり、よじ登っていくのが王道だと考えていた。でもいろんな経験をするうちに、真っ当に壁を越えても、いろんなアイデアで越えても、そう変わらないんじゃないかという考え方になった。

もちろん汚いやり方はいけないが、壁を越えるために必死になって頑張っていれば、誰かが四つんばいになって「俺の上に乗れ」と身体を貸してくれたりして、救ってくれる人も現れるはずだ。

そういった出会いもあるから、壁に直面している人たちには、壁をいろんな角度から見たり、いろんな捉え方をしたりしてほしいと思う。

休む勇気と、止める勇気

野球は怪我の多いスポーツだ。特にピッチャーは肘や肩などの怪我が多い。

私は小さい頃から、もし自分が怪我をしたら、そこまでの選手だったんだと思うようにしていた。小学校のときにも少し肘を痛めたが、だからといってこれから怪我をしないための身体作りをしようという発想にはならなかった。

怪我をしないために一番大事なことは、基本だと思う。

基本というものは、先人たちがいろんなことを試してみて、そこから淘汰《とうた》されて残ったものだと私は考えている。

例えば外野手が、自分の頭を越えるようなフライを追いかけるとき、どっちの足からどっち回りでスタートを切るかというのも、効率の良さや身体への負担も考えた上で基本が生まれている。

それが一番効率が良くて、怪我をしない方法だと思うから、まずは基本を理解して、それを身に付ける。その上で、自分のオリジナルを付け加えていけばいいいと思う。

あと、怪我しないために大事なのは、〝休む勇気〟と〝止める勇気〟だ。日本人の概念では、休むことは怠けているという発想になりがちだが、私はその考え方からは脱却したほうがいいと思っている。

身体の調子が悪いのに、無理して頑張るのが美徳みたいな風潮がいまでも残っているが、痛くても我慢して投げるなんてまったく美徳でもなんでもない。

例えば、これが甲子園の夏の決勝で、

「もう最後の最後だから」

と、自分自身が納得した上でのことなら、それはそれでいいと思う。

何が違うかというと、他人の目を気にしているのか、自分の心に従っているのかということだ。

痛くても「投げます」と言わないと、監督からダメな選手だと思われるから投げるというのは、他人の目を気にしている。でも「俺は高校で目一杯やれればいい」と、注射を打ってでも投げるのは、本人の意思だからいいと思う。

だが、基本的に子どもは投げたいと思うものだ。そこで、指導者がストップをかけてあげられるかどうか。止めてあげる勇気が、指導者には必要だと思う。

他人の目を、気にしてはいけない。

他人の目は、監視してあげるためにあるのが正しい姿なのだ。

練習で最も大切なのは〝塩梅〟

投げ込みは良くないという論調が最近あるが、基本的な考えとして、私は投げ込みは必要だと思っている。

だが、そこに「人それぞれ」の感覚は、残してほしい。

例えば、あるチームに5人のピッチャーがいます。今日は全員200球投げましょう。そういう投げ込みはダメだと思う。でも、この選手はいま伸びてきていて、フォームを固める時期であるなら、しんどいながらも200球投げるのはありだし、いま調子いいから200球というのもありだと思う。逆に、フォームがバラバラになっている選手は、今日はノースローにするのもありだ。

投げ込みに関して、良い悪いで判断するのは違うんじゃないかと最近は思っている。

悪いこともしなきゃいけないんじゃないかというのが、私の考えだ。

怪我をしないために、投げ込みの球数を制限する……じゃあ一番怪我をしない方法は何かというと、練習をしないことだ。練習には、怪我のリスクがつきまとう。

では、練習はしないほうがいいのか？

練習は悪いのか？

それで、私は悪いこともしたほうがいいという考え方になった。

投げ込みに関しても走り込みに関しても、昔ながらのやり方を全否定して、科学至上主義になるのは違うような気がする。

科学というのは、何か新しいことが発見されるたびに、いままで正しいとされてきたことが、180度違う評価になるということが往々にしてあるからだ。

結局バランスが大事なんだと思う。

昔ながらの方法と最新のトレーニングを組み合わせたり、投げ込みにしてもウエイトトレーニングにしても、限度を考えたり。

日本のいい言葉で言うと〝塩梅《あんばい》〟だ。

練習は、塩加減ひとつだと思う。たまには、塩辛の練習があってもいいし、「今日はちょっと塩分を控えめに行こうよ」という練習があってもいい。私は、練習の良い悪いに関して、明確な線引きは100％できないと思っている。

同じ球児でも、人によって塩加減は違うだろうし、そのときの体調やモチベーションによっても必要な塩分の量は違ってくるだろう。だから、指導者は選手に合ったいい塩梅を見つけてあげて、選手も自分自身で塩梅を把握しなきゃいけない。

そのためには、指導者と選手とのコミュニケーションが大切になってくると思う。そうすることで、いい塩梅を互いが確認できるのではないだろうか。

指導者と保護者の方々へ

私が指導者や保護者のみなさまに何か言うのもおこがましいが、もし言わせていただくとすれば、一言だけだ。

「子どもさんのことを、いっぱい見てあげてください」

私は自分の経験を通しての話しかできないが、指導者や親に見られているのはメッチャ嬉しいものだ。

例えばブルペンでピッチングをしていて、監督がすーっと私の後ろに来たとき、

「あ、俺いま見られてる……」

これほど力になることはなかった。親も同様で、試合を観に来てくれたり、私が夜、家の前で素振りをしているのを、親がふっと玄関まで出てきて見てくれたりしたときは嬉しかった。親に「おまえ、脇が開いてる」などと余計なことを言われてうっとうしがっているチームメイトもいたので、変な言葉を掛けるくらいなら、黙って見てあげるだけで十分だ。見てあげることに勝るものはないのかなと思う。

逆に言うと、子どもはそういう親の姿を絶対に見てますよということだ。

例えば、毎回昼間から酒の匂いをプンプンさせて試合を観に来る親父とか、「なんでうち

の息子を試合に出さないんだ」と文句ばかり口にする親父とか、みんな子どもたちは見ている。そのとき子どもたちは、ものすごく冷静な判断を下す。

「いや、試合に出られないのは当たり前だよ……」

そういう親の姿は、子どもに良い影響を与えない。

だから、親の良いところも悪いところもすべて子どもたちは見ているんだということを、保護者の方々には理解しておいていただきたい。

では、野球をやっている子どもたちと、どういう風な付き合い方をすればいいのか。

難しいのは、子どもの性格にしてもいまの実力にしても、みんな一通りではないということだ。よく勘違いして、イチローさん（現マイアミ・マーリンズ）のお父さんをモデルケースにして、子どもたちと接する人がいる。でも、あれはイチローさんの前向きな性格や、お二人の関係性があって成立したものだ。

これが正しいという答えなど、絶対にないはずだ。

私に言えるのは、

「よく子どもを見てください」

「よく子どもは見てますよ」

休みの日に両親が車を出してくれたり、母親がお茶当番で来てくれたり、父親が率先して暑い中グラウンド整備をしてくれたり……私は、そういった親の姿を、いまでもはっきり覚えている。

少年野球への提言

これは、小学校の章でも書いたことだが、私は小学生時代に元プロの方に教わっていた。世間では、少年野球の監督は、ある程度野球をやっていたくらいの人でいいといった風潮があるように思う。

「だって、まだ子どもなんだから」

といった感覚だ。

でも私は、最初に野球というゲームに触れる小学校時代が、一番大事だと思っている。最初に良い水を送り込んであげないと、あとからいくら良い水を送り込んでも吸収されず、大きく育たないと思うからだ。

一番最初に身に付ける基本が、一番大事だということだ。

高校野球の名将で、「一番最後にやりたいのは小学生の指導だ」と言われる方も多い。なぜかというと、小学校時代に野球の土台になる部分が形成されるからだ。

他の競技でも、いま世界と戦えるようになってきている卓球にしろ何にしろ、どこを強化しているかというと小学生だ。小学生のところに、良い指導者が行って技術の指導をしている。そのことに早く野球も気付くべきだと強く思っている。

だから、この本を読んだ指導者の方がハッとして、「ただ楽しくやらせるためだけの監督ではないんだ」と思っていただけたなら、本当に嬉しく思う。

もちろん、子どもたちに野球を楽しくやらせてあげることも大事だが、

「一番最初に水をやっているのはあなたですよ」

「そういう大切な子どもをいま預かってるんですよ」

と私は言いたい。

もうひとつ私が思うのは、子どもの頃は野球をやっていたけど、小学校で辞めたという人が多い。辞めた理由を聞いてみると、「試合に出られなかった」、「いつも応援に行って帰るだけだった」、「練習に行ってもずっと球拾いばかりだった」といったものがほとんどだ。

これが、「打席にも立ったし、守備にもついたけど、どうも俺には合わない」とか、「他に自分のやりたいことが生まれた」というのなら仕方ないが、ろくに野球もさせてもらえず、それが原因で野球を辞めていくのはもったいない話だ。

なぜなら、可能性はその先にあるからだ。

いまメジャーで活躍している上原浩治さんにしても、今シーズン広島カープに復帰した黒田博樹さんにしても、高校時代は二番手、三番手のピッチャーだった。そこからあそこまでのピッチャーになったわけだが、そういう選手はプロ野球に結構多い。

「小中はキャッチャーやってたけど全然下手くそで、高校でピッチャーになったら急に良くなった」

「サイドスローに変えたら成功した」

そんな話を本当によく耳にする。

人それぞれ伸びる時期は違うし、身体ができてくるとまた全然変わってくるし、ポジション次第で合う合わないもある。ちょっとしたきっかけで化けるのは、決して珍しい話ではない。そういうチャンスが訪れる前に辞めてしまうことが惜しいなと思うのだ。

野球の裾野も広がる新ルールの提案

私は14年間野球をやってきて、やっぱり野球が好きだったので、やった人には野球を好きになってほしいなという思いがある。

全員が好きになることは無理かもしれないけど、好きになるためのチャンスすら与えられないのは可哀相だし、それじゃ野球を嫌いになるでしょうと思ってしまうのだ。

そこで、私は野球のルールに関して提案がある。

とてもシンプルな話で、1試合のうちに例えば5人は必ず選手交代しなきゃいけないというものだ。

こうすることで、まず選手たちに出場のチャンスが増える。

次に、いままで試合に出られなかった選手たちは、俄然《がぜん》目の色を変えて野球に取り組むようになる。

つまりは、野球を途中で辞める子が減り、野球界全体の裾野が広がる。

さらに、監督の手腕も問われるようになる。9人全員が完璧でも10人目以降が下手だと試合には勝てない。5人代えなきゃいけないとなると、少なくとも14人目まではいい選手を育てなければいけないという発想になるはずだ。

仮に、選手交代5人の中にピッチャーを一人含むというルールなら、いま話題になっているピッチャーの投げすぎ問題も解消される。

いまレギュラーの9人も、下の5人になると交代させられるからと、上の4人までに入ろうとさらに努力をするかもしれない。

もしかしたら、いままでは自分さえ上手ければいいやと考えていた選手が、「おまえ、こうしたほうがいいよ」とチーム全体のことを考えて、アドバイスするなんてことも出てくるかもしれない。

「5人交代」というルールは、本当に一石何鳥にもなる。

子どもは、「ルールでこう決まってますよ」と言われると納得するものだ。

中学校になると、ちょっとシビアな話だが、高校への進学等も含めてチームの成績、勝利というものが求められてくる。でも、小学校のときの勝ち負けは、確かに全国大会優勝とかは勲章ではあるが、直接上に結びつくものではない。

野球はスポーツだから、勝ち負けが大事なこともわかる。

だが、この先伸びるかもしれない野球少年たちの可能性を摘んでしまうシステムは、その子ども本人にとっても野球界全体にとっても、本当に惜しいことだと思うのだ。

誰にでもチャンスを与える。

そのチャンスを小学校で奪ってほしくないというのが、私の切なる願いだ。

特別対談

松坂大輔×上重聡

１９９８年、夏の甲子園

上重　これまで大輔と、横浜対ＰＬ戦のことを話した記憶ないよね。

松坂　ないね。

上重　選手宣誓をしたチームは、優勝してないジンクスがあったような……。小山（良男）が宣誓したので、「ＰＬに流れ来てるぞ」みたいなことを俺は思った記憶があるよ。

松坂　そうなんだ（笑）。

――最初は、１９９８年夏の甲子園のダイジェスト映像を見ながら、対談を展開。まず、1回戦の横浜対柳ヶ浦戦。

松坂　絶不調だった。その2日前あたりにもブルペン入って投げたけど全然ダメ。

上重　へー、春からフォーム変えた？　いじった？　夏のフォームはちょっと違うじゃない!?

松坂　センバツで腰痛めたから。

上重　そうか！

松坂　痛めないようにというのもあって、自分であの投げ方を止めた。

上重　そうなんだ。やっぱり、あの投げ方は腰を痛めるよね。俺、春の大輔の投げ方を真似して腰痛めたんだから。

松坂　この試合、立ち上がりからなんとなく不安で、先頭にいきなり左中間に二塁打を打たれる。

上重　打たれたねー。

松坂　どっかでなめてたんだよね。

上重　普通に行けば勝てると。

松坂　うん。で、いきなり二塁打を打たれたから目が覚めた（笑）。

上重　ヤベエって？　それがすごい。余裕を持って、あの甲子園のマウンドに上がれるっていうのがすごいわ。こっちはもう必死。相手どうこうじゃないもんな。

松坂　この試合、ベンチでずっと怒鳴られてばっかり（笑）。

上重　監督に？

松坂　（渡辺）監督と（小倉）部長からずっと怒られっぱなし。

――続いて2回戦の横浜対鹿児島実業戦。

上重　スギ（杉内俊哉）を初打席で打つのは、絶対無理だよね。

松坂　うん。一回りしてどうかなっていうとこ。俺らってスギと対戦するとき、一回り目は、もう球を見てくるだけでいいと言われてた。

上重　へーえ。

松坂　監督が、一回り目で攻略するのはまず無理だろうって。なんで配球と球筋を全員、一回り目で確認して来いと。最初の打席で初めてカーブ見たときは、「打てない、これ」と思ったからね。低めのストレートは伸びてくるし。

上重　へーえ。じゃあ俺との対戦で感じたやつと一緒だ。

松坂　えっ？　聡の場合は、「打てないほうがおかしい」と（笑）。

——3回戦の横浜対星稜戦。

上重　山下監督のヘルメットのひさし下げる大輔対策が好きなんだよ、俺。

松坂　ふふふ。

上重　下げて、高めは打たない。

松坂　もうこの試合は、暑かったことしか覚えてない。

——星稜の山下監督のミーティングを見ながら。

松坂　みんな正座して聞いてるよ。

上重　普通はそうでしょう。

松坂　体育座りでしょう？

上重　いやいや。それで星稜戦は、調子良かった？

松坂　うん。

上重　みんなヘルメットのひさしを深くかぶってた？

松坂　深くかぶってた。しかし、打たせません。ここで初めて俺の新球のチェンジアップを投げる。

上重　ああ。この場面で？

松坂　うん。この夏、初めて投げた。

上重　1死二、三塁のピンチで、覚えたてのチェンジアップを投げようと思うのがすごい。

松坂　面白いのは、良男も同じこと思ってる。「ここで使おう」って。

上重　いいね。ボールが唸ってるもん。最後の高めのボールなんか。

松坂　うん。

球史に刻まれた伝説の死闘の裏側

——そしてついに、準々決勝の横浜対ＰＬ戦へ。

松坂　第1試合じゃなかったらな……。

上重　どういうこと？　早い時間だから最初から全開じゃなかったってこと？

松坂　うん。

上重　明らかに、最初は調子悪かったもんね。

——7回裏、松坂投手がレフト前にフライを打たれて、ＰＬが5対4で勝ち越し。

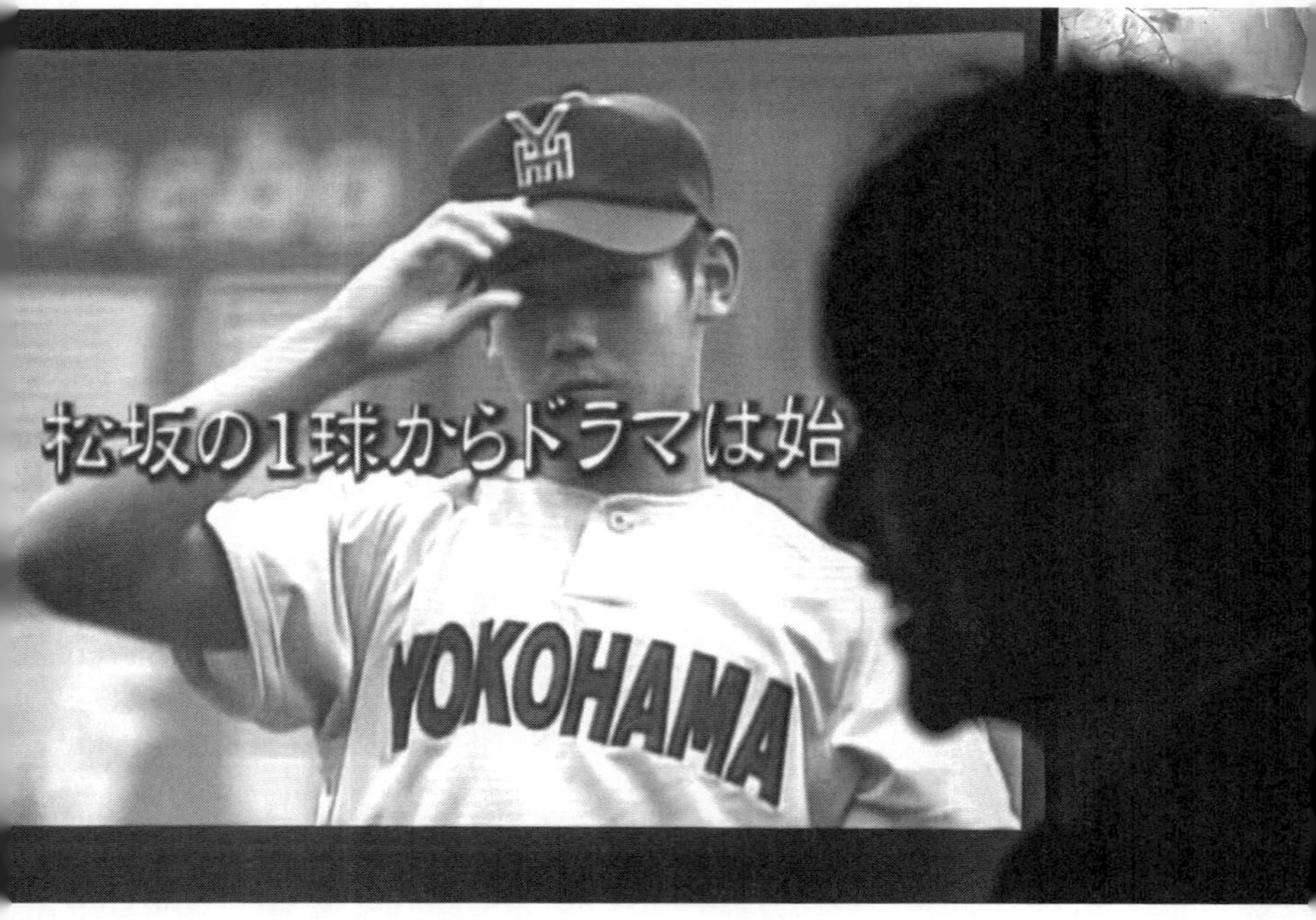

YOKOHAMA
松坂の1球からドラマは始

上重　これ聞きたかったんだけどさ。勝ち越されるじゃん。「えっ、ヤバい」と思った？
だって7回裏だから、あと2回しかチャンスないわけでしょ。

松坂　終盤だから「ヤバい」とは思ったけど、そんなに焦りはなかったね。

——そして5対5の同点で、延長に突入。

松坂　聡の「終わらなければいい」とはまた違うんだけど、終わる感じが全然しなかった。

上重　あ、そうなんだ。

松坂　そう。でも延長に入ってからは、ウチが先に先制するわけじゃん。

上重　先に点を取ってる。それでも？

松坂　何回か覚えてないけど、この試合終わんないなと思ったもの。

上重　へーえ、そうなんだ。

——横浜が6対5の1点リードで、松坂投手が11回裏の投球。

上重　先頭の平石（洋介）が出るんだよね。なんかちょっと（点が入る）雰囲気が出てた……。

松坂　大西（宏明）のとき、カーブ投げるの嫌だったんだよな。

上重　嫌な予感したんでしょ。だって、大西は「カーブを狙ってた」って言ってたもん。

松坂　ことごとくカーブ打たれてるでしょ、この試合。

——大西選手にカーブを投じ、2死から同点打を打たれた松坂投手の落胆シーン。

上重　それで、この表情になったんだ。「わっ、カーブ打たれた！」って。

松坂　ストライクを取るつもりはなかったから。ワンボールにさせようっていうつもりで投げてたんで。

――15回表、無死一塁、上重投手のファインプレーでゲッツー。このとき、すでに上重投手は手を痛めていた。

松坂　俺にデッドボールを当てられたんで。

上重　ははははは。

松坂　ほんとは危険球退場だと思うけど、高校野球にはそのルールがなかったんでよかった（笑）。

上重　でも、危険球じゃないな。俺は打ちに行ってるから。

――6対6の同点で迎えた16回表の横浜の攻撃。小池正晃選手の内野安打で満塁となり、振り遅れた加藤重之選手の打球が高くバウンドしている間に1点が入る。

松坂　このときって、グラウンドがかなりボコボコだったよね。

上重　ボコボコだった。

松坂　グラウンド整備って、入ったっけ？

上重　5回に入って、そのあとは一回も入ってない。

――再び横浜が7対6と1点勝ち越した16回裏、1死二塁で松坂投手がワイルドピッチ。

上重　このとき握力とか体力的なものってどう？

松坂　握力がどうとか、部分的なのはなかった。

上重　〝無〟で投げてた？

松坂　そうそう。ただ単に投げる作業をしてる感じだよ。

――16回裏、またもPLは同点に追いつく。

松坂　これで明日も投げることを覚悟したよね、俺。再試合を。監督に4連投はないって言われてたけど、たぶんPLだったら行くしかないって思ってたんで。

――7対7で迎えた17回表、2死からPLのショート本橋伸一郎選手が悪送球。

上重　このあとはどうなの？　七番の常盤（良太）が「ホームラン打つ」って大輔に言ったとなってるけど、実際どうだったの？

松坂　「絶対打ってくる。俺が打ってくるから」って言ってた。

上重　へーえ。

松坂　でも、こういう結果になるとまでは想定してなかったと思うよ。

――続いて準決勝の横浜対明徳義塾戦。

上重　これ、さすがに負けたと思った？

松坂　この試合は、PL戦の聡じゃないけど、自分が投げてないから負けてる感覚がないんだよ。それは覚えてる。センターの重之と話して「投げてないから、負けてる気しないわ」

とか言ってた。

――この時、横浜ナインや松坂投手は、PLのみんなのためにもといった気持ちは?

松坂　あったと思います。だから、特に劣勢になってからは、その思いが強くなったというか。監督もその思いはあって、「このまま負けて、PLに申し訳ないと思わないのか」っていうことを。

上重　嬉しいね、なんかそういう風に……。

松坂　「このまま終われないだろう」って監督が言うんだけど、なんせ僕らは全然打てなかったんで。

上重　自分たちPLが、横浜を意識するのは当然。だけど、大輔の中でPLってどれくらいの意識があったのか、ちょっと聞いてみたかったんだけど。

松坂　センバツで、接戦になって危なかった試合ってPLだけだから。当然夏も優勝を目指していたんで、最終的にはPLに勝たないといけないとって思ってた。

――PL対策はしていた?

松坂　PL対策はないです。でも、僕らは逆に意識する相手がいたからよかったんじゃないですかね。どこの高校も相手になんないよっていうのが心のどこかにあったら、県大会とかで負けてたかもしれないですね。

上重　だから、いつも俺にご飯ご馳走してるのは、そのときのあれだよ(笑)。

松坂　えっ？　春夏連覇できたお礼？

上重　お礼。俺らのおかげ（笑）。いや、でもすごい嬉しいね。俺、いままで怖くて聞けなかった。こっちはすごい意識してるのに、大輔の中でそんなことなかったら、なんかひとりよがりで悲しいみたいなのがあった。

松坂　16年目の真実だね（笑）。

――明徳義塾戦で、松坂投手がブルペンで投球練習を開始。

松坂　最初にブルペン行ったときは、監督に何か言われたわけではなく僕は勝手に行った。一回肩を作ってやめて、二回目行ったときは、監督に「最後、（観客に）おまえの姿を見せて来い」みたいなことを言われて、僕はムッとしたのを覚えてる（笑）。

上重　へーえ。

松坂　僕はその時点で、監督は諦めたんだっていうのがあって、ちょっとムカッときた（笑）。選手たちは、まったく諦めてなかった。

上重　俺は、お好み焼き屋さんで見てて、5対0ぐらいになって、「もう消してください」って言った。なんか横浜が負けるのを見たくないっていうか。おかしな感覚で、PLが負けたあと、横浜の春夏連覇は俺たちの願いでもあった。横浜に春夏連覇してもらわないと困る。俺たちの横浜は春夏連覇しないとダメなんだっていう思い。

松坂　このとき、明徳のピッチャー寺本（四郎）は、スタンドの歓声がすべて「行け行け横浜」になっているような感じに思えて、自分たちが負けてるって思ってたって。自分たちは勝っちゃいけないんだって思ったって言ってた。

上重　ふーん。

――8回裏に執念の追い上げを見せる横浜打線。ブルペンで、松坂投手が右腕にガチガチに巻いたテーピングを剥《は》がす。

上重　このテーピングを取るときに、わざわざ三塁ベンチ前のカメラの前まで行って取ったっていう、伝説のシーンですか？（笑）16年目の真実をお聞かせください。

松坂　違う違う。あれは、たまたまカメラが目に入ったんだよ（笑）。

上重　カメラが目に入って、じゃあその前で剥がそうっていう感じだったんですか？

松坂　自分でテーピングを取ろうとしたら、すぐそこにカメラマン席があって、そのテレビカメラがこっち向いてるのが、なんとなく視界に入ってってっていう。

上重　それは、あまり人に言わないでくれます？

松坂　ははははは。

上重　みんな、結構感動したシーンですから（笑）。でも、まわりが見えてるっていうか、その余裕がすごい。松坂大輔のすごいとこはそこだと思う。ピンチでチェンジアップ投げるとか、カメラが目に入るとかそういう発想になんないもんなぁ。そんな余裕を持ってやられたら、そりゃあ切羽詰まってやってるやつは負けちゃいますよ。

――そして横浜が6対4と2点差まで追い上げ、9回表に松坂投手が満を持して登板。

上重　流れ変わったもんねぇ。

松坂　この時点になると、監督は完全にこのイニングの裏のことまで考えて「しっかり抑えて来い」って言ってたと思う。球場全体が「ま〜つざか」となったのを覚えてる。そんなの高校野球で起きたことないらしい。

――そして迎えた京都成章との決勝戦。

上重　決勝は、もう余裕っていう感じですか。

松坂　う〜ん。なんかもう、ちょっと準々決勝と準決勝で出し切った感があった。あまりにあの2試合がすごくて。

上重　すごいよな……。

松坂　だから、ある意味コロッと負けなくてよかった。なんかすんなり行きそうな感じだったけど、ノーヒットノーランするとは、さすがに思ってなかった。〝延長17回〟があって、〝逆転サヨナラ〟があって、準決勝の夜にみんなから「普通に勝っても面白くない」みたいなこと言われて。正直、PL、明徳を倒してきたら、もうそれ以上の相手は僕らにとってはいない。明日どうなるんだろうというのはなかった。ほぼ勝った気でいたね。

上重　そうなんだ。

松坂　この試合は、僕は普通に投げてれば勝てると思った。全力で行こうっていうのはまったくなかった。でも、先頭バッターに痛烈なサードゴロを打たれた。完全に置きに行ってる球で。やっぱちゃんと投げないとダメだなって。

上重　ははははは。その余裕がすごいですよ。

松坂　だから、本当にこの試合こそトップバッターに目を覚まされた。身体も重かったけど、投げて汗をかいていくうちに身体が動くようになった感じ。

上重　こういう会話聞くのって二人目。俺、江川（卓）さんと番組を一緒にやってるけど、江川さんも同じようなことを言う。最初は普通に軽く投げて、相手がちょっとこいつ打つなと思ったら、そこから力を入れるみたいな。怪物の感覚ってたぶんそこなんだよね。怪物はそうそう本気出さない。だから怪物なんだと思う。本気を出したときに怪物感がより前面に出るみたいな。江川さんの話を聞いたときに、俺、いつも大輔とダブる。ノーヒットノーランは、何イニングくらいから意識したの？

松坂　６回のときにランナーが出て、マウンドに一回集まったときがあって、ノーヒットノーランなのはわかってる。けど、いままでもそういうケースでポテンヒットとかでノーヒットノーランを消されてきたから、自分の中では「どっかでヒット打たれるだろうな」って心の中では思ってた。そしたら「ノーヒットノーランやっちゃえよ」って、ショートの佐藤（勉）に言われた。口に出したらできないみたいなジンクスってあるじゃん。佐藤以外はみんなそう思ってて、「あーあ、言っちゃったよ」的な雰囲気になったのを覚えてる（笑）。

上重　ノーヒットノーランは、予選とか練習試合で何試合もしてるもんだと思ってたんだけど、そうでもない？

松坂　何回だろう？　そんなたくさんしてない。

上重　ジャニーズの亀梨君から聞いたんだけど、『金八先生』のオーディションで、「特技は何？」って聞かれて、「高校野球の松坂投手のモノマネです」って言って、モノマネでガッツポーズしたのをやって受かったんだったさ。

松坂　ははははは。マジ？　それ初めて聞いた。

上重　松坂さんに言っといてくださいって。夏の優勝シーンで、最後にガッと背中を向けてガッツポーズするのをオーディションでやったって。

松坂　はははは。あとでカメラマンの人から聞いたけど、優勝した瞬間に後ろ向いてる選手は初めてだみたいなこと言われた。

上重　例えば、プロに入ってからのマウンドや、メジャーのマウンドで、この夏の甲子園のことを思い出すことはある？

松坂　ないね。

上重　これはこれで別物なんだ。

――誰か特定の選手をライバル視したことは？

松坂　基本は前もって意識するっていうよりは、その試合の中で、自分の中でフォーカスする感じです。この選手を潰しておけば大丈夫みたいな。個人で意識させられるバッターとかはいなかったですね。でも2年のときに豊田大谷の古木克明（元横浜ベイスターズ）を見て、自分の中で「こいつとやりたい」と思いました。村田（修一）がバッティングいいのは知ってましたけど、それまで見たことなかったんで。あとはＰＬの四番の古畑（和彦）とか、そのぐらいですね。

松坂　うーん。

――例えば、上重投手には負けたくないという意識が出たことは？

上重　嘘でもあるって言ってよ。

松坂　ははははは。いまちょっと考えてました。言ったほうがいいのかなとか（笑）。

上重　俺は本の中で大輔のことをさんざん書いてるんだから。

松坂　でも、聡はスライダーのピッチャーだったんで、「聡のスライダーを打ってやる」とは思ってたね。僕は得意にしてるボールを打ちたいっていうタイプ。だから、相手チームがエースで四番であれば、自分にとってこれほど好都合なことはない。

上重　そう考えられるのがすごいよね。

松坂　そのチームを潰すのに一番いい形っていうか。僕は、対戦校がエースで四番のときは、そのエースの決め球をとにかく仕留めるって常に思ってました。だから、スギとやってるときも、どっかでカーブを打ってやろうって。

上重　ホームランだもんね。
松坂　カーブしか狙ってなくて。その前、たぶんど真ん中のストレートが来ても手を出してないです。それでよく怒られてました（笑）。

〝延長17回〟の思い出の場面と、衝撃の秘話

上重　俺、あの試合の中で、12から15までのイニングが大好き。大輔はノーヒットで3人で抑えて、俺はランナーを出しながら必死になってゼロで抑える。二人ともゼロゼロで投げている。大輔が投げたあと、自分がマウンドに行って、大輔が触ったボールを俺がまた触る。大輔とはしゃべってないんだけど、マウンドを通じて会話をしてる感じで、投げ合えてるような感覚だった。こういう投げ合いがしたいっていうのを、春からずっと思ってたんだよ。春は、そういうのを一切思えなくて、力負けだったから。
松坂　なるほどね。
上重　それまでが少し荒れた展開だったから、ピッチャーとして一番好きなのは、ゼロゼロの投げ合いのイニング。
松坂　試合自体は苦しいんだけど、僕自身はそこまで苦しさを感じてないっていうか。それはたぶん僕も抑えてるし、聡もゼロに抑えてるっていう自然な流れでゲームが進んでいたか

らだと思う。僕は早く終わりたいっていう気持ちと、「あー、終わらないな」と思いながら投げている両方があった。勝ち越して同点に追いつかれたときは、「やっぱり終わんないな」って、なんとなくきつい感じにはなるんだけど。

上重 同点になって、またマウンドに行くのが楽しかったでしょう。

松坂 行くのが楽しい？　たぶん僕は次の日のことを考えてたね。

上重 再試合の？

松坂 うん。絶対決着つかないって思ってたから。自分の中で余力を残そうかどうかって、一瞬考えたことがあった。

上重 すごいね。俺はこのゲームだけのことを考えて一心不乱に投げていたのに……。

松坂 初回から投げてて、余力もクソもねぇやって感じだけどね。次の日のことを考えても、投げさせてもらえるかわかんないし。でも、確かに、あそこが一番いい時間帯だったかも。

上重 あの４イニング？

松坂 うん。

上重 じゃあ共有できてるね。そこじゃないって言われたら、どうしようかと思ってた(笑)。

松坂 はははは。

上重 勝つために練習してきたと自分では思ってたけど、実は大輔と対等に投げ合うために練習してきたんだと。だから、あの時間が一番になったんだと思う。

松坂　なんだかんだ、ＰＬのエースは意識する。すごい陳腐な言い方だけど、やっぱりＰＬのエースに対しては意地の張り合いがあった。

上重　「おい、聡、先発で来いよ」みたいなのは思わなかった?

松坂　思った、思った。

上重　ああ、そうか。

松坂　ＰＬに勝たないと優勝はないっていうのは、ずっと春先から思ってたことだった。「やっと来たな」っていうのと、「決勝戦でやりたかったな」っていう両方があったね。第一試合って聞いたときは、「朝早いな」って思ったのは覚えてる。試合当日は4時起きで、監督に「睡眠薬いるか」って言われて、「大丈夫です」って言っちゃった。やっぱり高ぶってたのかわかんないけど、全然寝られなくて。1時になっても寝られない、2時になっても寝られない。「ヤバい、もう起きる時間だよ」と思ってた。そんな時間から監督に睡眠薬くださいって言えないじゃない。たぶん2時過ぎぐらいに寝た。それで4時過ぎぐらいにマネージャーに起こされた。普段は球場に行くバスの中では寝ないんだけど、さすがに寝ちゃったね。もうウォーミングアップしてるときから身体が重くて、ブルペンで投げながらヤバいなと思ったね。気持ちは「相手、ＰＬだぞ!」っていうので、しっかり投げようと思っても、案の定まったく身体が言うこと聞かなかった。

上重　そうだったんだ。

松坂　でも、ＰＬ戦に関しては、17回裏に先頭バッターの大西がアウトになった時点で勝ったと思った。２点差なら普通は行けるだろうっていうのはあるけど、まだわかんない。大西がアウトになったときに、初めて勝てるっていう意識を持った。

上重　２点のときは、思わなかった？　俺はホームランが１点だったら、まだと思ったんだけど。やっぱり２点取られて、俺の中ではちょっと「あ、これはもう終わりが近づいてるな」っていうのは正直思ったね。

松坂　ＰＬにとってはそうかもしれないね。

上重　でも、負けるんじゃなくて、終わりが近づく感覚。勝つとか負けるっていう単語が俺の頭の中に一切出てこない。この試合の終わりもそうだし、高校野球が終わるっていうのもそうだし、終わるっていう言葉に集約されてる感じがしてた。俺らに勝ったら、春夏連覇がちょっと現実のものになるって思った？

松坂　明徳もやってみて「あ、強いな」と思った。

上重　そこまで、明徳とか意識しなかったの？。

松坂　ほんとＰＬしか見てなかったんで。「ＰＬさえ倒せば、もう優勝だぁ！」って。

上重　いや、嬉しい。

松坂　ＰＬとできるって、楽しみでしかなかったけど、やっぱり興奮してたんだろうね。自分で気付いてなかったけど、たぶんアドレナリンが前の日から出ちゃってた。

上重　それ以降で、前日にそういう風な感じになったことってあるの？　オリンピックとかWBCとかで。
松坂　ないね。
上重　いいね、いまの答え。「いや、結構あるね」「大体いつもそうだよ」って言われたら、俺、どうしようかと思った（笑）。
松坂　初めてだからね、次の日のことを意識するってことが！　とにかくPLとやれるのが楽しみで仕方なかった。
上重　逆にオリンピックやWBCのほうが、日本を背負って負けちゃいけないみたいな思いがあるのかな。
松坂　そこまで行った段階では、いままでの経験を糧にしてきてるから、そんなプレッシャーも感じない。
上重　横浜対PL戦が、背負っている重さを感じた一番最初だったっていうことか。
松坂　WBCの最初の決勝も楽しみだった。
上重　キューバ戦？
松坂　そう。でも、前の夜はマッサージ受けて寝ましたよ（笑）。
上重　俺、あの日リポーターだったけど前の日、寝られなかったもん（笑）。
松坂　何でよ。

上重　大輔が投げるってことで、俺は大輔と同じ気持ちになってしまって。別に自分は投げないけど、いま大輔はすごい緊張してるかなとか思ってたら、寝られなくて。あの日はほとんど寝てない。

松坂　ははは。でも、横浜対ＰＬ戦のようなテンションは最初で最後。前の日もそうだし、投げてるときも含めて。ああいうのはプロじゃ味わえない。

上重　そうか。よかった。嬉しいな。よかった。

松坂　いやー、でも……。

上重　訂正なしよ。訂正ないよ。赤入れなし（笑）。

松坂　違う、違う、違う。俺と投げ合ったっていうのがあまりにも聡だから、稲田（学）が可哀想だなっていつも思う。

上重　まあね。稲田が先発なんだけど、世間は俺と大輔が17回投げ合ったことになってるの。

松坂　なってるでしょう⁉

上重　なってるから、俺もあえて途中からとは言わない（笑）。

松坂　ははは。

上重　17回投げましたって言うのね、俺。

松坂　17回は投げてるからね。

上重　17イニングすべては投げてないよ。でも、17イニング目は俺が投げて、そこで打たれてるから。それは間違ってない（笑）。でも、自分がもし最初から投げてたとしたら、17回まで持たないと思うし、あんな試合になってない。稲田と二人で力を合わせないと、大輔とのあの試合はできてない。それぐらい力の差があった。〝上重VS松坂〟じゃなくて、〝PLメンバー16人VS松坂〟プラスいままでの伝統や先輩の力も借りて、ようやくイコールになる感じじゃないかな。それで12回から15回だけ、ちょっと〝上重VS松坂〟になっている感じがするから好きなんだと思う。みんなで戦ってる中で、初めて個と個になれたみたいな。

松坂　僕は、野球をやって甲子園に出たいっていうのは、小さいときから思っていた。僕らはKK世代なんで、桑田さんや清原さんを見て、ああなりたいと思った。でも、自分が大阪に行ってPL学園に入るというイメージはなかった。甲子園に出られるんだったら、やっぱりPL学園と試合したいっていうのはずっと思っていたよ。

上重　ユニフォームの力とか、先輩の力とかも借りて野球をやってきたのがPLだからね。

松坂　聡たちの世代のPLの選手がよく言うのは、「でも、あのとき、俺らそんな強くないよ」って。それはなんとなくわかる気がするけど、僕らにしてみればPLというのはすごく意識させられるというか、僕にとってはPLと試合するのはすごい憧れ。そのPLと甲子園で二度も試合ができて、みんなの記憶に残るような試合もできて、ほんとによかった。みんなが忘れられない試合であることが僕も嬉しい。僕はまだ現役だけど、いまはもう野球やってないまわりの仲間たちもそういう試合できたのがすごい誇りだって、いまだに言うもんね。

「あれがあるから俺たちいまでも頑張ってられるんだよね」っていうのは、大袈裟じゃない。誰でもそういうものってあるんだろうけど、僕らにとっては、あのPLの試合がそう。

16年目に語られる真実の数々

――横浜高校は、松坂投手が2年秋から1年間無敗。

松坂　練習試合でもずっと連戦連勝で、松商学園に引き分けたくらいですかね。

上重　坊主にさせられたっていう試合？　俺、カチンと来たことがある。横浜って春以降髪をちょっと伸ばしていいってなったんだよね。

松坂　先輩から「センバツでベスト4に入ったら、髪伸ばしていいらしいよ」って聞いてて。ほぼ都市伝説的な感じだったんだけど、ちょっと伸ばしても何も言われなかった。「調整」っていうんだけど、センバツに入るときに短く刈らず、ちょっと長めで行く。完全に勝つつもりだったから、優勝してからブワーッと伸ばして、伸びかけたところでちょっと刈り上げて招待試合とかに行ってた。そしたら松商学園に負けはしなかったけど、だらしない試合をした。それで監督が怒っちゃって「たるんでる。チャラチャラ髪を伸ばしやがって！」ってなった。招待試合が終わった後、キャプテンの小山じゃなく俺が監督室に呼ばれて、「おまえが坊主にしたら、みんな坊主にするから」って言われて、拒否はできない。呼ばれてすぐ自分でバリカンで短くして、次の日学校に行ったら、みんな俺の頭を見て悟ったらしい。「あ、そういうことか」って（笑）。

上重　春が終わった後、横浜が髪を伸ばしてるっていうのを聞いて、俺はムカついてた。高校球児で一番ムカつくことと羨ましいことは、髪を伸ばしてること。だから、髪が伸びてるチームに負けるっていうことは、自分らの中で絶対に許せない。「おいおい、何うぬぼれてんだ!?」と。俺らが〝打倒横浜〟でやってるときに、チャラチャラした横浜高校を見たくない。そんな横浜高校でいてほしくないというのがあった。松商に引き分けて、また坊主にしたらしいっていうのを聞いて「よし。これでまた元の横浜が帰ってくる」と思ったね。

松坂　高校球児ってみんな坊主のイメージがあるからね。俺は中学校のときから野球やってるけど、仙台育英って長髪ＯＫなんだよね。それ見て絶対……。

上重　絶対、仙台育英には負けたくないって思った。

松坂　俺は違う。髪伸ばせるなら仙台育英に行きたいと思った（笑）。

上重　そっちかよ。俺は絶対負けたくない。

松坂　高校に入ってからは、違うけどね。「絶対、髪伸ばしてる高校には負けられねえ」って。でも、春が終わって髪を伸ばしていたときは、みんなでどんな髪型にしようかって楽しみにしてたところに落とし穴が待っていた。たぶん監督にすれば、夏に向けてしっかりやっていかせるために、気を引き締めたかったんだと思う。長髪の夢は松商学園に断たれましたね（笑）。

上重　いや、俺はよかったよ。だって甲子園のとき、横浜が長髪で来てたら絶対俺ら勝ってたもん。〝勝ち負けを超越した試合〟なんて、俺言ってないと思うよ。絶対に叩き潰す。

松坂　ははは。

上重　あの〝延長17回〟もなかった。だから、松商学園に感謝ですよ（笑）。自分たちが勝手に想像している松坂大輔でないと嫌だった。

松坂　僕の投げない横浜に勝っても意味ないというのは、明徳の選手たちも言ってた。でも僕が投げてないんで、「なめてんのか」と思ったらしい。

上重　はははは。ま、そうだよね。

松坂　「昨日、（横浜対ＰＬ戦）あれだけの試合しといて、なめてんのか」と。

上重　そら、思うわな。

松坂　だから、「出てくるピッチャーを、ボコボコにして松坂を引きずり出そうぜ」っていうのが、明徳のモチベーションだったらしい。

上重　なるほどな。そうか面白いな。

松坂　（寺本）四郎は、「結局、松坂が投げてない横浜に負けた」って。松坂が投げてない横浜にすら、勝てなかったっていうのを言ってた。実は俺、９回だけ投げてるんだけどね（笑）。

上重　面白いな。いろんなことが16年目にしてわかる。

松坂　監督からは、春が終わって「一度登った山は降りないといけない」って言われて、僕的には一度降りて下山したんだけど、そこからまた挑戦者っていうよりは、春の優勝校としてやるべきだと思っていたんで、自分たちが一番だと思ってずっとやってたね。みんな「挑戦者のつもりで」って言うけど、僕は最初から「かかってこい」と言ってた。負けないためにはどうするかってことは常に考えていて、夏も当然チャンピオンとしての意識はずっと持ってた。ウチのチームは一番強い、自分が一番いいピッチャーだっていうのはずっと思ってたんで、「かかってきなさい。受けて立つよ」じゃなくて、むしろ「反撃する余裕すら与えないように叩き潰す」という感覚だった。チャンピオンチームとして、歯向かってくるチームは、もう叩くだけ。

上重　だから春夏連覇するんだろうな。

松坂　でも、16回に追いつかれたときに「やっぱすげえなＰＬ」って、マウンドで言ったの覚えてる。

上重　11回のときもマウンドで何か言ってたよね。あれ「何でカーブ投げたのかな」みたいなこと言ってんのかなと思った。

松坂　打たれた後は、あるかもしれない。自分の中でぶつぶつ言ってる感覚はないけど。だから、ほとんど覚えてない。でも、相手の応援歌を口ずさむっていうのはよくやってたね。

上重　その余裕はすごいよな。
松坂　それも、相手の名前だからね。自分の名前にしないんだよね。
上重　あ……。
松坂　例えば、「か〜みしげ」。
上重　あ、そうなんだ。俺、横浜高校の校歌を歌える。二回しか聞いてないのに。
松坂　はははは。
上重　横浜の校歌ってゆったりなんで覚えやすい。フワッて入ってくる。それぐらい、なんか記憶の色濃さっていうのが半端じゃなかった。
松坂　あの試合、こいつずるいなと思ったことがある。
上重　何だよ。俺、ずるくないって。
松坂　僕はもう17回投げて「ああ、しんどい。明日も試合あるし」といった気持ちのまま宿舎に帰って、『熱闘甲子園』を見たときに聡の爽やかさったらない。ずるいなと思った。負けたときのコメント考えてたんじゃないかなっていうぐらい、すっごい爽やか。「うわーっ、ずるいな」って思った（笑）。
上重　俺、甲子園で先発のときはどの試合も緊張して寝られないから、ヒーローインタビューで言う言葉を考えながら寝るの。それって勝ってるイメージじゃん。そうすると、心が落ち着いて寝られる。あの試合はリリーフだったけど勝ったときのコメントを考えてて、「最高の相手と、最高の舞台で、最高の試合ができて幸せです」みたいなことを。

松坂　それは、勝っても負けても使えるな。そのコメントすごい覚えてるもん。

上重　よくできたコメントだと思うよ。だって前の日から考えてたんだもん（笑）。次の日、相田みつをの詩みたいに新聞に載ってたんだよ。

松坂　いやー、あれ、ほんとずるいなと思って。結構負けても爽やかな高校生いると思うけど、あれは飛び抜けて爽やかだった。

上重　でも、春のような負け方だったらあんな風に言ってないと思うし、同じ負けでも違う。春は泣いた。（中村）監督が最後っていうのもあったけど、春は泣いて、夏は笑って帰った。普通、春は次もう一回夏があるから「よし！」ってなって、夏は最後なんで泣くみたいな感じだろうけど。俺は逆パターンだったね。

松坂　そうか。

上重　それは、負けたっていう感覚がないからなんだと思う。負けに対して、納得がいかなかったり、悔しいと思ったりするから泣くんだけど、その感情がないから泣かなかった。冷静に分析すると、あの日の自分のピッチングって良くない。最高のパフォーマンスだったかって言われると、そうじゃないけど、自分の中では甲子園で出せたものがすべてだと思ってる。悪いながらもそのときの自分の最高のものが出せて、最高の試合ができたっていうのがあったんだと思う。大輔も、あの試合で言うと、1回から17回まで完璧なピッチングだったかっていうと、そうじゃないと思う。

松坂　僕が完璧だったら、あんな試合になってないよ。

上重　ははは。それを言うな。それは俺もわかってる。たぶん、5－0ぐらいで負けてる。

松坂　ははは。よかったんだよ。あれはあの試合でよかったんだよ。ある意味、みんなが予想してた内容と結果ではなかったのかもしれない。ピッチャーの感覚としては、僕、7点も取られてるからね。でも、そこに関してはまったく気にしてない。

上重　「たられば」とか、タイムスリップできるんだったら、過去の試合に戻って、ここはストレートだったのをカーブに修正したら抑えられたとか、どの試合もしたいと思う。だけど、あの試合に関しては、それしちゃうと、あれ以上の試合にはならない。だから「たられば」とか、もう一回やるっていう感覚がない。国体のときに、普通に行けば決勝で「横浜対PL」だった。ウチが準決勝で負けて対戦できなかったんだけど、俺は絶対やりたくなかった。もう一回やったからって、あの試合以上のものなんて絶対できないから。

松坂　それはそうかもしれない。

上重　あのままでいたい。あの試合に戻って、もう一回、俺あそこで常盤にカーブ投げたかったなんて一切思わない。

松坂　僕もあそこで睡眠薬もらっておけばよかったなんてないもんね（笑）。ほんとに、あの試合はあれでよかった。

上重　あれが最高だと思うよ。

明暗が分かれたプロ入りへの道

松坂　僕は、ずっとバッターでプロに入りたいと思っていた。高校2年のとき、ある球団から、「ウチは野手で、バッターとして獲ろうと思ってる」って言われて、そのときに「俺、ピッチャーじゃ認められてないんだ」っていう感覚はまったくなくて、純粋に「やったー」と思った。別にピッチャーを諦めていたわけじゃないけど、ずっと自分はバッターでプロに入りたいっていうのが頭の中にあった。だから、もう行くならセ・リーグって思ってた。とにかく打席に立ちたいんで、パ・リーグだけには絶対行きたくないって思ってたね。

上重　逆に、「俺、ピッチャーでプロに行こう」って最初に思ったのはいつ?

松坂　あ、でも高2の春ぐらいかな……。生意気だけど「どっちでも入れるわ」と思ってたからね。たぶん高校の監督には見透かされて、そういうのが出てたんでしょう。すごい怒られたのを覚えてる。

上重　最初にプロを意識したときに、どっちのほうが近いかっていうと、バッターのほうがプロからの評価が高かった?

松坂　バッターだね。プロに行けるということを意識したのは、ピッチャーよりもバッターとしてのほうが先だね。でも、高校を卒業してピッチャーでプロに入って、張り合い甲斐のあるみんなもそれぞれの道に進んでいて、僕は（プロに）来るのを待っていた。

上重　4年後、みんなが来るのを、すごい楽しみにしてたって言ってたもんな。

松坂　うん。（新垣）渚とかもそうだけど、4年後に絶対来るって。

上重　「いくら大学、社会人で頑張ってきても、俺のこの4年間もすごい濃かった。このプロの4年間の経験がある以上、負けるつもりはない」といったようなことを大輔から聞いたことがあるね。

松坂　高校卒業した後の3、4年間で詰められたっていう感覚はまったくなかった。俺はプロで4年やってたっていう自負があり、みんな力をつけてきただろうけど、アマチュアの世界でしょうって思ってたんで。一人脱落したけど（笑）。

上重　俺がね……。はははは。

松坂　途中まで順調に来てたのは、俺ももちろん知ってた。怪我した時期とかも知ってたけど、プロへの道を諦めるって聞いたときは、かなり怒ったというか……。

上重　そのとき初めて、二人でご飯を食べたんだけど、怒られたね。

松坂　怒ったっていうか、「何でだよ？」って。俺自身が、それを受け入れたくないっていうか、受け入れられないっていうか。怪我したって投げられないわけじゃないし、手術するなり、しっかりリハビリして治すなりして、プロ野球選手同士としてもう一度会いたかった、投げ合いたかったっていう希望が俺の中にあった。聡が「怪我しました。もうダメだ。じゃあ諦めよう」じゃないのは、もちろん俺もわかってる。考えに考えて俺に言ってきたっていうのもわかってたけど、言われたことに対してすごくムカついちゃって。

上重 俺、覚えてるのは「野球、粗末にするんじゃねえよ」って言われたのと、「俺は4年後、おまえがプロに入ってきて、同じチームか別のチームかわかんないけど、プロの世界で対戦するのを楽しみにして4年間やってきたんだ」と言われたときには、さすがにグッときたね。

松坂 あの時点で聡が、どれだけ答えを出すのに悩んだか、俺自身も考えられてなかったのかもしれない。そのときの感情でもの言っちゃった。

上重 だから、俺、あんなに大輔と会うのにドキドキしたことはない。怒られるのわかってたんで、すげえ緊張して会いに行ったのを覚えてる。しかも、二人でご飯食べるのも初めてだったんで、余計に覚えてる。大学時代、西武の練習を見に行ったときに、大輔がスカウトの人に「いま、立教の上重ってどうなんですか?」と聞いてたっていうのを人づてに聞いたことがあった。一回ピッチャーをクビになって外野を守ってるときに、電話かかってきて「おまえ、外野で遊んでんじゃねえよ」って言われたこともあったな。

松坂 最初、新聞を見たときに、四番ライトか五番ライト上重って書いてある。「えっ?」投げてるって話も聞いてないし、「大体四番や五番を打てるバッティングじゃねえだろう、あいつ」と思って「何してんのおまえ?」って電話した(笑)。

――上重投手が、立教時代に「俺は松坂大輔だ」と自分に言い聞かせながら投げていたという話は?

松坂 えーっ、何ですか、それ?

上重 俺、大輔からグローブや道具を結構もらってたじゃない。大学のときは、自信がなくて怖かったから、大輔のグローブをつけて「俺は松坂大輔だ」って思って投げると、なんか投げられるというか。完全試合したときも大輔のグローブを使って投げていた。

松坂 ああ、そう。

上重 大学1年生のときは、とにかく松坂大輔と比べられたね。

松坂 みんなあの試合を見てるからね。

上重 大輔はもうプロでガンガン活躍していたから、どこで投げてても「おー、あいつ、松坂と投げ合ったやつだよ」「おー、松坂、プロで頑張ってんぞ。おまえはどうなんだ?」「おまえのボール、松坂より遅いんじゃねえか」といったことを毎回言われる。俺は、ただ大輔と投げ合っただけなのに、俺が松坂大輔みたいな感じで言われるのが本当にプレッシャーだった。それでちょっと精神的に参っちゃって、2年生のときには投げられなくなって。

松坂 うん。

上重 大輔に弱音を見せたくないってのもあったし。自分も「おまえは大学に行って、当然活躍をして（プロへ）来なきゃいけないやつだぞ」という大輔の気持ちはわかるんで……。

松坂　外野で試合に出てるってときも、意識的だったんだろうけど、結構明るく振る舞ってたね。

上重　もう強がってただけ。だって、そのときイップスみたいになって投げられなかったから。精神的に病んじゃって、外野を守ってた。この話もしたことない。

松坂　それも知らなかった……。

上重　マイナスの話は、正直言うのが怖かった。悲しむだろうなっていうのがわかってるから、笑い話ですまない気がして……。「何、外野守ってんだよ」ではすまないというか……。横浜対PL戦の12回から15回は、大輔に認められたっていう部分がある。その瞬間をいただいたのに、大学に行ってそんなことしていて、せっかく認めてもらったのに、それを失うのが怖い。そういう意味でも、あの試合の大きさや背負う部分ってすごい大きいんだよね。普通の試合だったら、そこまでまわりからも言われないだろうし、自分もそこまでプレッシャーに感じたり、大輔のことをそこまで意識したりはしてないだろうから。

球数と怪我とタイブレーク

上重　大輔の場合は、メジャーでは特に肩が消耗品という意識が強い中で、〝延長17回〟を投げたって言うと「クレイジーとよく言われる」って前に聞いたけど、怪我に対しての考え方は、メジャーに行ってから変わった？　例えば、投げすぎとの因果関係って結構難しくて、俺らのときは球数制限がなかったから、好きにどうぞっていう感じだったじゃない。そのあたりってどう？

松坂　大人に関しては、僕は球数制限はいらないと思うけど、まだ成長期の段階にある子どもたちに関しては、やっぱり制限が必要だと思う。僕もそうだったけど、高校生ぐらいじゃ、まだ判断がつかないから。

上重　「投げる」って絶対言うもんね、痛くても。

松坂　僕はセンバツ5試合投げて腰痛になった。だけど、フォームの矯正という意味でも、もっと投げないとダメだって単純に思ってたんで、投げ込み量が増えた。運良く、自分は高校時代に肩や肘を壊すことはなかったけど。

上重　腰を痛めたのは、自分の投げ込み不足っていうか、体力がないのが原因だと思ったんだね。

松坂　投げる体力がないからだって思ったから。だからウエイトトレーニングの量も増えたね。やっぱり歴代で肘を疲労骨折した大野倫さん（元読売ジャイアンツ）をはじめ、安楽君（現楽天ゴールデンイーグルス）もたくさん投げすぎた。やっぱり怪我すれば、当然投げすぎとの因果関係が取り上げられる。

上重　自分が怪我したときに、高校時代とかプロ入りしたあたりに、もうちょっと球数とか投げすぎについて考えときゃよかったなって思ったことはある？

松坂　ない。まったくない。高校のときに、球数を減らしておけばよかったなって思ったことはない。

上重　俺も高校のときに思ったことはない。本人は絶対そうだと思う。大輔も言ったように、特に判断ができない少年野球は、厳格なルールを決めてあげる。ルールには絶対子どもたちは従うから、大人がしっかりと考えたルールを作ってあげるのが一番かなと思っている。

松坂　最初のうちは当然反発もあるけど、そのうち慣れるし、長く野球をやるっていうことを考えたら、球数制限は当然選手生命の長さにつながると思う。ただ、大事なのはやっぱり投げ方じゃないかな。投げ方はすごく大きいと思うね。アメリカなんかあれだけ球数制限してるのに、高校生がトミー・ジョン手術をバンバンやってるからね。僕は、30歳を越えてからトミー・ジョン手術してるけど、アメリカなんか10代とか20代前半でみんな、肘をブチッとやっちゃってる。そういう意味では、球数制限が本当の意味で功を奏してるのかっていうと疑問。

上重　球数制限してるアメリカでも、故障が少ないかというとそうでもないっていうことだよね。

松坂　そうそうそう。肩肘の故障が少ないかっていうとそうじゃない。だから怪我は投げ込みが不足してるからだとか、いまだに両方の意見があるんだけど、どっちが正しいとかじゃないと思う。もちろん球数もあるけど、やっぱりフォーム。あとは、その人が持ってる体の強さもある。僕は親には感謝したね。本当に丈夫な体に産んでくれたんだなって。別に骨太でもないし、特別筋肉が柔らかいわけでもないし。

上重　そうか、俺、いまの大輔の話を聞いてわかったよ。じゃあアメリカは、故障少ないかっていうとそうでもないもんな。多いよね、逆に。

松坂　だから、また別のやり方を考えないといけない。怪我しなくても、アメリカ人で中4日がしんどいっていう人はやっぱりいる。ダル（ビッシュ）が、中5日とか中6日を推奨していたけど、中4日でもいいって思ってる選手もいる。先発ピッチャーの人たちは、ずっと中4日でやってきてるんで、いままでのルーティンが変わるのが嫌みたい。アメリカでは間隔が空けば成績がちょっと下がるっていう考えがあって、できれば間隔は詰めたままがいいっていう人は多い。でも、そういうルールを決めちゃえば、選手は従わざるを得ないんだろうけど。

上重　そう。俺が提案したいのは、少年野球の場合は球数制限をルールにすることによって、チームとして二番手とか三番手の重要性ってすごい出てくるじゃない。そうすると指導力も問われるし、二番手三番手の可能性も広がる。もうひとつ今回の本の中でも書いたんだけど、1試合で例えば5人は絶対交代しなきゃいけないっていうルールを作ると、野手の二番手三番手の人たちを鍛えなきゃいけなくなる。試合に出られる回数も増えると思う。だからルールでしっかり決めることによって、いろんな可能性も広がると思うんだよね。

松坂　タイブレークに関しては、賛否両論あっても仕方ない。100％どっちかに賛成ってないと思う。いろいろ問題があるけど、結局タイブレークっていう制度に慣れちゃったら、すべて解決するような気も……。アメリカでは延長戦が無制限っていうやり方は面白いって思った。

上重　面白いのは、メジャーでは球数制限があるのに、勝負は何十回でもやるわけじゃん。

松坂　そう、決着がつくまで。

上重　何時間でもやるわけじゃん。アメリカはアメリカですごいよね。

松坂　絶対勝たなきゃいけないっていうケースでは、ピッチャーがバンバン出てくる。そうじゃないときは、バンバン野手がマウンドに上がってくるからね。アメリカが面白いのは、ピッチャー上がりで投げられる野手が多いんで、普段ファーストの人間がピッチャーやっても150キロ近くを投げる。それはそれで見てて面白い。

上重　ルールで、100％満足するルールってないと思う。絶対「いい」っていう人と「悪い」って分かれるじゃない。でも、ルールだってことで決めたら、それを守る。それがルール。だから、もし「タイブレーク」っていうルールを決めたら、その範囲の中で野球をするっていう文化ができていくと思う。ただ自分たちは、延長戦っていうのを経験できてすごい学んだことがある。あの延長戦があったから、ある意味、アナウンサーというところにもつながったかもしれない。私は、経験の上では延長戦ができてよかったと思ってる。じゃあタイブレークはダメじゃなくて、もうルールとして決まったら、その中でまたドラマが生まれるっていう考え。だから、良い悪いを言い出したらルールなんて絶対決められないと思う。

松坂　そうだね。

上重　国際試合で、タイブレークって経験したことある？

松坂　ない。でも、そのルールができたら、もうそのルールに適応しようとするだけ。ルールができてしまった以上、仕方ない。たぶん高校野球なんかも、そうなったら、その戦い方を学ぶだろうし、弱いチームはタイブレークに持っていけば勝てるかもしれない。

上重　そう。俺たちもタイブレークだったら横浜に勝ってたかもしれない。

松坂　ははははは。

上重　タイブレークの名勝負とかも生まれてくると思う。延長の名勝負は、結構生まれたんで、次はタイブレークの名勝負をこれから作っていけばいい。そうすると、俺らの試合が余計に引き立つっていう、この意地汚い考えでどう？

松坂　ははははは。

おわりに

アナウンサーになって13年。

当初は、ＰＬ学園のエースとして、甲子園で松坂大輔と投げ合ったことを聞かれるのがすごく嫌だった。笑顔を見せながら答えるのだが、心の中では「またかよ……」とやるせない気持ちでいた。

人は、ときに自分に立派な武器があるのに、それを隠したくなることもある。出し惜しみするわけではないが、別の部分で上重聡という人間を認めてほしいと思い、その武器を見せるのはもちろん、触れられるのも嫌だと感じていた。

しかし、そんな話ができるアナウンサーは私しかいないし、こんなに注目をされるような体験ができたのは野球を続けてきたおかげだ。

野球への感謝の気持ちと、野球への恩返しという意味で、私は松坂や野球の話を積極的にするようになっていった。

今回、一冊の本にまとめるくらい多くのことを経験させていただいた私は、本当に恵まれていると思う。そんな私の経験を文章にすることによって、みなさんに何らかのプラスになるのであればと思って、この仕事を受けさせていただいた。

読んでいただいたみなさんに、もしも何らかの良い影響を与えることができたとしたならば嬉しく思う。

あの夏の甲子園から、もう17年が経とうとしている。

小学校2年から大学までやってきた野球は、私に多くのものを与えてくれた。その中でも一番大きいのは仲間の存在だ。

特に、ＰＬ学園で過ごした高校時代の3年間は、一生忘れられない時間だ。

卒業してからも、毎年ＰＬのメンバーとは会っている。ときにはライバル校の横浜高校のメンバーの中に私が呼ばれて、飲んだりゴルフしたりすることもある。話す内容は仕事のことや家庭のことといった、他愛もない話ばかりだ。

私は運良く、甲子園に三度行くことができたが、中でもよく聞かれるのは、松坂と投げ合った〝延長17回〟の試合のことだ。しかし、かつての仲間たちと久し振りに集まったからといって、あの横浜対ＰＬの〝延長17回〟の試合を振り返って話したことなんて一度もない。

「そんなのいまさら話さなくたって、お互いの中でわかり合えてるだろう？」

「いまここで確認しなきゃいけない試合だったのか？」

といった共通認識がみんなの中にあり、わざわざ口にはしないのだ。

雑誌の企画等でみんなが集まり、振り返ったことはある。だが、仲間同士の集まりで確認し合うのは、あの試合の価値が落ちるような気がしてしまうからだ。

他のみんなも、崇高な試合として記憶の中に大切にしまっておきたいと思っているような感じがする。だから、会って高校時代の話をしても、厳しかった寮生活の話や「●●先輩が怖かったなー」などといったネタばかりだ。

でも、17年経ったいまだからこそ、明かせる真実もある。

〝延長17回〟の試合は、自分が野球をやってきた証だ。

あの試合が、仮に後世まで語り継がれる試合だとするならば、その一員として上重聡という名前が出てくることは誇りであり、私にとっては名誉なことだ。

〝完全試合〟と〝延長17回〟のふたつに関しては、記憶にも記録にも残るという意味で、私が野球をやっていたという人生の証明書だと思っている。

だから、〝延長17回〟をはじめとした私の野球人生について、きちんとした形で何かに残したいという思いも、心のどこかにはあった。

いままで、松坂とも〝延長17回〟について語り合ったことは一度もなかった。だから、巻末に収録した松坂大輔との対談は、私にとっては「答え合わせ」の感覚だった。あの試合で私が感じていたことと、松坂が感じていたことの答え合わせだ。

だが、期待や楽しみとは裏腹に、私が感じていたことと違っていたらどうしようという不安も抱え、ドキドキしながら対談の会場に向かったのを覚えている。甲子園で松坂大輔という怪物と出会い、春夏連続で投げ合うことまでできた。人生で怪物に出会えない人も、世の中には大勢いることだろう。私は本当にラッキーで、幸せだと思う。

ここで読者のみなさんに、怪物と出会ったときの対処法について。自分も怪物になろうと思ってはいけない（笑）。まずは怪物の実力を素直に認めて、自分は怪物に出会えた幸せ者だと思ったほうがいい。

私は松坂とは、いつもライバルでいられる存在でありたいと思っている。いま私は野球をやっていないが、別の仕事をしていても活躍して相手に刺激を与えることはできる。刺激をもらったり与えたりという関係でないと、松坂からライバルだと認めてもらえない。松坂は親友だが、二人の距離が近いだけではなく、互いの行動を見て互いに頑張ろうと思える距離感がいいのだ。

私は松坂大輔と出会えたことに、心から感謝している。

また、今回帰国したばかりでまったく時間がない中、対談の話もふたつ返事で受けてくれた。初めて聞く話もいっぱいあったし、楽しくてあっという間のひと時だった。

大輔、本当にありがとう。

あと、この本を書くにあたって、ひとつ気付いたことがある。

それは、親父の背中が私はすごく好きなんだということだ。私が野球を始めてからは、家族で旅行に行った記憶がほとんどない。野球を始める前に海や川遊びに行ったくらいだが、いつも親父の背中につかまっていて、その背中の思い出が忘れられない。

親父の背中の大きさだとか、「この背中につかまっていれば大丈夫だ」という安心感や、私を守ってくれている感覚……。

だから、姉の靴磨きを6年間も続けていたときの背中や、私が号泣した夜に母と二人で階段を降りていったときの背中の印象も強く残っているのだろうし、お風呂で親父の背中を流すのも私はすごく好きだった。

言葉ではなく、背中で語る。

言葉を扱う職業ではあるが、そういう親父のような男に、私もなりたいと思う。

2015年7月　　　　上重聡

怪物と闘ったPLのエース

2015年８月10日　初版第一刷発行

著者／上重聡

発行人／後藤明信
発行所／株式会社竹書房
〒102-0072　東京都千代田区飯田橋2-7-3
03-3264-1576（代表）03-3234-6208（編集）
振替00170-2-179210
URL　http://www.takeshobo.co.jp

印刷所／共同印刷株式会社

カバー・本文デザイン／轡田昭彦＋坪井朋子
特別協力／松坂大輔（福岡ソフトバンクホークス）
協力／柴山康一郎（トゥーランドット臥龍居）
写真提供／朝日新聞社ほか
撮影／北村泰弘
構成／松永多佳倫

編集人／鈴木誠

Printed in Japan 2015

ISBN978-4-8019-0331-9 C0095